थोड़ा सा प्रगतिशील

(कहानी-संग्रह)

थोड़ा सा प्रगतिशील

ममता कालिया

लोकभारती प्रकाशन
पहली मंजिल, दरबारी बिल्डिंग, महात्मा गाँधी मार्ग, इलाहाबाद-1

लोकभारती प्रकाशन
पहली मंजिल, दरबारी बिल्डिंग, महात्मा गाँधी मार्ग
इलाहाबाद-211 001

वेबसाइट : www.lokbhartiprakashan.com
ईमेल : info@lokbhartiprakashan.com

शाखाएँ : 1-बी, नेताजी सुभाष मार्ग, दरियागंज
नई दिल्ली-110 002
अशोक राजपथ, साइंस कॉलेज के सामने
पटना-800 006 (बिहार)
36-ए, शेक्सपियर सरणी
कोलकाता-700 017

मूल्य : ₹ 250

पहला संस्करण : 2014

इण्डियन प्रेस प्राइवेट लिमिटेड
इलाहाबाद-211002 द्वारा मुद्रित

THODA SA PRAGATISHEEL
by Mamta Kalia

ISBN : 978-81-8031-850-4

अनुक्रम

थोड़ा सा प्रगतिशील

मैं क्यों लिखती हूँ?

कवि मुक्तिबोध की शैली में इस सवाल का जवाब देने से पहले मेरा भी एक सवाल है—यह पूछने में इतनी देर क्यों की पार्टनर?

अब जब मुझे लिखते हुए पचास साल बीत गये, अब जब मैंने सैकड़ों रीम काग़ज़ काले कर डाले, पचासों क़लम की स्याही सुखा डाली और पैंतीस पुस्तकें प्रकाश में आ गयीं, इस सवाल का जवाब आसान नहीं मुश्किल मालूम पड़ता है।

कोई ऊर्जा तरंग है जो चलती चली जाती है। दिमाग़ में एक बार में पाँच-पाँच कहानियाँ लिखी जा रही हैं, कविताएँ तो इतनी धकापेल से आ रही हैं कि पूरा कविता-संग्रह आँखों के सामने छप जाता है शीर्षक और ब्लर्ब सहित। दिमाग़ में तीन उपन्यास एक साथ चल रहे हैं।

जब मैंने लिखना शुरू किया, बिलकुल विद्युत् की चकाचौंध की तरह आती थी रचना, फुलझड़ी की तरह। मैं कहीं भी लिख डालती थी, हथेली पर, दीवार पर, रद्दी लिफ़ाफ़ों के पीछे। मेरे दिल की पेनड्राइव में न जाने कितनी घटनाएँ-दुर्घटनाएँ, स्वप्न-दुःस्वप्न, अनुराग-विराग और आशंकाएँ ठसाठस भरी रहतीं। शुरू में यह विश्लेषण करना जटिल था कि मेरे लिखने में कल्पना अधिक सक्रिय है या भावना। दोनों ही स्थितियाँ तड़फड़ करती काग़ज़ पर उतरतीं।

जितना यह सच है, उतना ही यह भी कि केवल भाव-बोध के सहारे नहीं टिकी रहती रचना, जब तक उसमें वृहत्तर समय-समाज का सरोकार और दृष्टिबोध न हो। मेरी कहानियों के पीछे वे समस्त विसंगतियाँ हैं, जिनकी मूकदर्शक बनकर बैठना मुझे गवारा न हुआ। समय के सवालों से जूझने की चुनौती और उत्कण्ठा तथा जीवन के प्रति नित-नूतन विस्मय ने ही रचनाओं का लिखना सम्भव किया है।

कई बार मैं सोचती हूँ कि होती मैं हुसैन-मक़बूल फ़िदा-तो अपनी बेचैनियों को इतने ऊँचे बुर्ज़ पर लटका देती यों। ऐसी तड़फड़ तबीयत से कोई क्या बताये कि कौन-सी कहानी कब लिखी, क्यों लिखी, कहाँ लिखी। कई बार सुबह के अख़बार के साथ कोई कहानी मेरे पास चली आयी कतरन की तरह, कभी-कभी किसी जुमले

के साथ रिबन की तरह खुलती गयी कहानी कभी दुखती उँगली की तरह रात-भर चस-चस करती रही तो कभी हालात बनकर हिला गयी आपबीती।

कहानी लिखना एकल साधना और एकाकी कला है। चाहे कितने आधुनिक साधन और संजाल आपके सामने बिछे हों, लिखना आपको अपनी नन्हीं क़लम से ही है। कई-कई दिन कहानी दिल-दिमाग़ में पड़ी करवटें बदलती रहती हैं। अन्ततः जब कहानी लिख डालने का दबाव होता है, अपने को अपने ही बहुरंगी घर-संसार से निर्वासित कर लेना पड़ता है। पता है कि अन्य कमरों में दोस्तों के ठहाके गूँज रहे हैं या तेज़ वॉल्यूम में मेरे प्रिय गाने सुने जा रहे हैं पर यहाँ तो काग़ज़ पर उतर आये चन्द नामों के अन्दर जान डालनी है। बड़ा अजीब लगता है कि कहानी में पहले अपने यथार्थ को कल्पना बनाओ, फिर उसे कथा-यथार्थ बनाकर ऐसे लिखो कि वह अकेले एक की नहीं, हर एक की कथा लगे। इस प्रक्रिया में यथार्थ से एक जायज़ दूरी हासिल करनी होती है और उन स्मृतियों से भी छुटकारा मिलता है, जो आपके मन पर बैठी रहती हैं।

हर रचनाकार के मन में उपन्यास लिखने की इच्छा जब-तब सिर उठाती रहती है। रचनात्मक जीवन में प्रायः हम कविता से अपना सफ़र शुरू करते हैं और संस्मरण से समाप्त। कविता, कहानी, नाटक, निबन्ध और संस्मरण के बीच उपन्यास एक महत्त्वपूर्ण पड़ाव है, जिस पर कुछ रचनाकार ठहरते हैं, तो कुछ उसे उलाँक कर डायरी-वायरी लिखकर अपनी तसल्ली कर लेते हैं। दरअसल जब तक हम केवल अनुभव के आसरे लेखन टिकाते हैं, कहानी लिखना सबसे मुमकिन-सा काम है। अनुभव के आधार पर कहानी प्रामाणिक, यथार्थपरक, जीवन के निकट और सच्ची मानी जाती है। ऐसी कहानियाँ रिपोर्ताज की तरह इकहरी, छोटी और आसान होती है। ओ. हेनरी की तरह उनमें सत्य का सांगोपांग शीर्षासन हो तो क्या कहने! कहानी जम जाती है। आत्मकेन्द्रित से आत्मकेन्द्रित व्यक्ति कहानी सम्भव कर सकता है। निजी अनुभवों को प्रायः चुनौती भी नहीं दी जा सकती। किसी एक के साथ ऐसा घटा होगा, यह गुंजाइश हमेशा बनती है।

उपन्यास लिखने की सबसे बड़ी चुनौती यही है—'स्व' से निकलकर 'पर' की दुनिया में प्रवेश। उपन्यास के लोक में हमारा काम केवल अनुभव से नहीं चल सकता। एक लम्बी कथा में आख़िर आप कितने अनुभव डालेंगे। अनुभवों का टोटा पड़ जायेगा। उपन्यास लिखने के लिए रचनाकार को बार-बार अपने स्मृतिकोश और कल्पनाकोश का सहारा लेना पड़ता है, बल्कि उपन्यास में वही अनुभव काम आते हैं, जो स्मृतिकोश का अनिवार्य अंग बन जायें। इसके साथ हमें यह भी चुनना पड़ता है कि हमारे निकट समय और समाज के बाह्य संघर्ष ज़्यादा महत्त्वपूर्ण हैं अथवा आन्तरिक संघर्ष। जीवन के एक समय प्रवाह में घुसना और सही दिशा में तैरते हुए

किनारा छू सकना बिरले रचनाकार सम्भव कर पाते हैं। रचनाकार समय को मनमर्ज़ी से तोड़-मरोड़ नहीं सकता, क्योंकि उसके पाठकों में हमेशा कुछ ऐसे लोग मौजूद रहते हैं, जो उस समय खण्ड के साक्षी रहे हैं। उपन्यास यह विधा है, जिसमें न तो देर तक बुद्धि-विलाप किया जा सकता है, न बुद्धि-विलास।

समय और समाज हर दशक में थोड़े बदल जाते हैं, दोनों की टिकटिक कभी तेज़, कभी धीमी, कभी सरल, कभी जटिल तो कभी कुटिल जान पड़ती है। एक ही समय में इतनी गतियाँ अस्तित्व में रहती हैं कि भगदड़-सी मची रहती है। हमें लगता है समय सरल तो कभी भी नहीं रहा। कभी वक्र हुआ तो कभी अष्टावक्र। ऐसे समय के प्रवाह में उपन्यासकार एक केन्द्रीय चरित्र को ला खड़ा करता है, गोया भँवर में अपनी नाव डाल देता है। रचना में उपस्थित उपचरित्र जैसे छोटे-छोटे टापू हैं, जहाँ पल-दो पल साँस ली जा सकती है। मुश्किल यही है। हम लाख उपन्यास-लेखन की सैद्धान्तिकी बघारें, ईएम फॉर्स्टर के 'एसपेक्ट्स ऑफ द नॉवल' का रट्टा लगायें, रॉल्फ फॉक्स की 'द नॉवल एण्ड द पीपल' का पारायण कर लें, इससे उपन्यास लिखने में ज़रा मदद नहीं मिलती। मैंने अपनी कोशिशों से पाया है कि कोई भी रचना लिखना नये सिरे से चुनौती होती है। लिखने के वक़्त पहले का लिखा-पढ़ा सब भूल जाता है, सारे चुस्त वाक्य और शब्द दिमाग़ से ग़ायब हो जाते हैं, यहाँ तक कि पात्रों के नाम देने के वक़्त अपने नाम के सिवा और कोई नाम तक याद नहीं आता। मन-मस्तिष्क में कँपकँपाती एक धुँधली, मामूली तस्वीर को हम अपने डार्करूम में डिवेलप करने की कोशिश करते हैं। सच तो यह है कि लिखने से पहले दिमाग़ में बेतरह, धुंध, धकापेल और दिल में धुकधुकी रहती है। कहीं रचना मुकम्मल न हुई तो फ़िजूल एक-दो साल की मेहनत पर पानी फिर जायेगा, अगर पूरी होकर एक 'फुस्स'-सी किताब निकली तो अपनी रही-सही छवि भी चौपट हो जायेगी, पाठकों का हम पर इतना हक़ तो बनता है कि वे हमें बुरा-भला कहें। मतलब की बात यह कि एक ख़राब रचना लिखना भी ख़ासा मशक्कत का काम है।

मेरे लिये यह विस्मय की बात है कि मेरी कुछ पुस्तकें पिछले पैंतीस-चालीस वर्ष से जीवित हैं, अर्थात् पढ़ी जा रही हैं, उन पर शोध हो रहे हैं और कभी भी देश के किसी कोने से कोई पत्र या फ़ोन पहुँच जाता है कि आपने 'बेघर' उपन्यास में संजीवनी को इतना ट्रेजिक पात्र क्यों बनाया या यह कि 'नरक दर नरक' क्या आपके अपने जीवन पर लिखा गया उपन्यास है। पिछले दिनों कलकत्ते में एक दिन कवि एकान्त श्रीवास्तव का फ़ोन आया कि "ममता जी हमने 'नरक दर नरक' पढ़ा। मेरा और मेरी पत्नी मंजुल का मानना है, आपने हमारी कहानी लिख दी है। ऐसा कैसे हुआ?" मुझे एकान्त की बात से ख़ुशी और आश्चर्य के साथ-साथ आश्वस्ति भी हुई। पढ़ो तो लगे जैसे झेला हुआ और झेलो तो लगे जैसे पढ़ा हुआ, इससे बढ़कर

यथार्थवाद की कसौटी और क्या हो सकती है। एकान्त समझ सकते हैं कि पिछले तीस वर्षों में आज़ाद हिन्दुस्तान में युवा वर्ग की जीवन स्थितियाँ ज़्यादा नहीं बदली हैं। हर एक के सामने है जीवित रह सकने का संघर्ष, कार्यजगत् की यान्त्रिक स्पर्द्धा, तालमेल के तनाव और स्वप्नों के टूटते तारे। इन सबके बीच अपनी परस्परता बचाये रखना प्रेमियों के लिए वास्तव में चुनौती की तरह आता है।

यही रही है 'नरक दर नरक' लिखने की पृष्ठभूमि तथा प्रेरणा। जीवन की उथल-पुथल में इसका उत्स छुपा है। कल्पना और यथार्थ की लुका-छिपी एक बार चली तो इसमें औरों का जीवन-संघर्ष भी शामिल होता गया। 'नरक दर नरक' 1975 में लिखा और उसी वर्ष के अन्त तक यह प्रकाशित हो गया।

इस उपन्यास पर सबसे पहले मुझे अपने प्रिय रचनाकार यशपाल जी का पत्र मिला तो मैं कई दिनों तक रोमांचित रही। इस महान् उपन्यासकार ने मेरे जैसी नयी लेखिका की पुस्तक न सिर्फ़ पढ़ी, वरन् उस पर पत्र लिखकर अपनी सराहना व्यक्त की, इस गर्व और सुख का बयान मैं शब्दों में नहीं कर सकती। यशपाल का पत्र मैंने प्रमाण-पत्र की तरह पिछले तीस वर्षों से सँभालकर रखा हुआ है। जब कभी लिखने का विश्वास डगमगाने लगता है, यह पत्र ध्रुवतारे की तरह मुझे रास्ता दिखाता है। यशपाल के ही शब्दों में—"उपन्यास की भाषा संक्रमण-काल के उफनते, खलबलाते जीवन की संवेदनाओं की अभिव्यक्ति के अनुरूप सरल ओजस्वी लगी। विशेषकर उषा या माँ की सामाजिकता और आवरणरहित स्वाभाविकता। कथानक और उसके अनुषंग मर्म स्पर्श के साथ नये जीवन में सन्तुलन की चेतना को भी कुरेदते हैं।

'नरक दर नरक' नाम की चोट चौंकाकर ध्यान खींचती है, परन्तु पाठक की यात्रा सहारा के नरक की वीरानगियों में दम छूट जाने से पहले ही बागे अदन की संजीवनी वायु का आभास महसूसती जान पड़ती है। 'नरक दर नरक' से घोर बचाव की आशा जगने लगती है। सफल रचना के लिए बधाई।"

1965 से 1970 के बीच बम्बई में तरह-तरह के लोग सम्पर्क में आते गये। कभी वे प्रभावित करते, कभी वे प्रताड़ित करते। रवि और मैं दिल्ली से अपनी-अपनी स्थायी नौकरियाँ छोड़कर नये सिरे से अगली नौकरियों में संघर्ष कर रहे थे। उषा और जोगेन्द्र साहनी के जैसा बस एक कमरे का फ्लैट था हमारे पास। प्रेम और संघर्ष के सिवा और कोई जमा पूँजी पास नहीं थी। हम दोनों के पास कुल मिलाकर माँ-बाप के दो सेट थे, लेकिन उनका हमारे जीवन में कोई स्थान नहीं था। हमें उनका हस्तक्षेप स्वीकार्य नहीं था, उन्हें हमारा विद्रोह। जिया हुआ यह समय 1975 में काम आया, जब मैंने 'नरक दर नरक' लिखना शुरू किया।

उपन्यास का शीर्षक मैं कभी नहीं सोच पाती। 'नरक दर नरक' शीर्षक भी रवीन्द्र कालिया ने रखा। उन दिनों इलाहाबाद में कथाकार दूधनाथसिंह अपना उपन्यास 'चौतीसवाँ नरक' लिख रहे थे, जिसके पूरे होने के आसार नज़र नहीं आते थे। कभी सुनने में आता राधाकृष्ण प्रकाशन से उनके उपन्यास के दस अध्याय छप गये हैं, पाँच अभी लिखे जाने हैं। कभी शोर मचता एक भी अध्याय छपा नहीं है, केवल अनुबन्ध हुआ है। लेखकों की मित्रमण्डली में रवि ने मुझसे कहा—''ममता तुम अपने उपन्यास का नाम 'नरक दर नरक' रख दो। देखते हैं कौन नरक से पहले निकलता है तुम या दूधनाथ?'' इस तरह उपन्यास का नामकरण हुआ। बीच में वर्षों में एक प्रकाशक की पसन्द पर इस उपन्यास का नाम बदलकर 'साथी' कर दिया गया। इसी शीर्षक से इसका दूसरा संस्करण छपा, लेकिन तब तक पाठकों, छात्रों और शोधकर्ताओं के बीच 'नरक दर नरक' शीर्षक जड़ पकड़ चुका था। मैं स्वयं शीर्षक बदलने के पक्ष में नहीं थी, इसलिए वापस यही शीर्षक कर दिया गया।

इतने शहरों में हम इतनी बार रहे, उनके तीखे प्रभाव हम पर पड़ते रहे। उन दिनों मैं बम्बई के एसएनडीटी यूनिवर्सिटी के हॉस्टल में रह रही थी और रवि इलाहाबाद में अपने प्रिण्टिंग प्रेस जमाने के लिए संघर्ष कर रहे थे। उनके बिना बम्बई में अकेले घूमना मुझे नागवार था, दिन लम्बे और उदास थे, रातें फीकी और एकाकी। ऐसे में एक दिन मैंने फ़ोन पर रवि से कहा—''सारी लड़कियाँ शाम को अपने बॉयफ्रेण्ड्स से मिलने चली जाती हैं, मैं अकेली क्या करूँ?'' रवि ने सोचते हुए जवाब दिया—''तुम एक नॉवल लिखो।'' मेरे दिमाग़ में बात फ्लैश कर गयी। वाक़ई, मैं इस संसार की चुनौती एक प्रतिसंसार रचकर झेल सकती थी, अन्यथा हॉस्टल में मेरी स्थिति विसंगत थी। अविवाहितों के बीच मैं विवाहित, विवाहितों के बीच मैं निर्वासित। जो भी सम्पर्क मैं बनाती, वह पहले मेरा इतिहास जानना चाहता। ऐसे में उपन्यास के ज़रिये अपना एक ख़ुद का संसार रच लेना मुझे बेहद सुकून देनेवाला ख़याल लगा।

जाने क्यों 1970 में मुझे प्रत्येक सम्बन्ध की एक व्यंग्यात्मक परिणति ही तार्किक लगती थी। उसी के तहत मैंने 'बेघर' लिखना आरम्भ किया। गर्मी की छुट्टियों में मैं इलाहाबाद गयी। रवि को मैंने अपने लिखे कुछ पन्ने सुनाये। रवि बोले—''यह तुम क्या लिख रही हो? हर पात्र तुम्हारी तरह बोल रहा है, किसी का अपना वजूद नहीं। दूसरे हर पात्र को तुम व्यंग्य से देख रही हो। क्या एक भी पात्र ऐसा नहीं, जिससे तुम्हें हमदर्दी हो?'' मैं बहुत शर्मिन्दा हुई। मैं सोच रही थी रचना का स्मार्ट होना बहुत ज़रूरी होता है। रवि ने बताया, रचना का मानवीय होना ज़्यादा ज़रूरी होता है। हालांकि यह मेरी फ़ितरत में नहीं, मन मारकर मैंने 'बेघर' लिखना शुरू किया, नये सिरे से। संजीवनी, उसकी माँ, केकी जैसे पात्रों का प्रवेश तभी मुमकिन हो सका।

'नरक दर नरक' उपन्यास लिखना अपेक्षाकृत सहज था। वह मेरी जिन्दगी के क़रीब का वृत्तान्त है, उसमें मैंने अपने कुछ संशय और स्वप्न डाल दिये बस। 'प्रेम कहानी', 'लड़कियाँ', 'एक पत्नी के नोट्स' उन वर्षों की रचनाएँ हैं, जब स्त्री-विमर्श के हक़ में मेरा आक्रामक रुख़ रहता था। मैं चाहती थी क्रान्ति हो और हमें अपने सामने घटित होती दिखे।

'दौड़' उपन्यासिका का लिखा जाना पूरी तरह अखिलेश के खाते रहा। वे तद्भव के लिए एक लघु उपन्यास की माँग करने लगे। मेरी डायरी में उस वक़्त तीन उपन्यासों का ख़ाक़ा था। मैंने सुनाया। अखिलेश ठहरे पारखी। उन्होंने पहले दो ख़ाक़ों के लिए कहा—"ये तो आप जब चाहेंगी, लिख डालेंगी। यह तीसरा आप मेरे लिये पूरा कीजिये।" मुझे टारगेट मिल जाये। फिर शुरू हो जाती है मेरी दौड़। मैंने दिन-रात लगाकर रिकॉर्ड समय में दौड़ लिखकर दिया। जब तद्भव में यह प्रकाशित हुआ, मेरे पास 325 पाठकों के पत्र व फ़ोन आये, जिसमें कई साथी लेखकों के थे।

फिर कई साल सन्नाटा रहा। कहानी-कविता चलती रही। अगला उपन्यास न शुरू करने का सबसे बढ़िया बहाना था कि मैं नौकरी करूँ या लेखन! दोनों काम पूरे वक्त की मसरूफ़ियत चाहते। 2001 में नौकरी से निजात मिली। अब तो वह ओट भी गायब हो गयी, जिसमें रहकर लिखना टालती रही। ऊपर से संस्कृति मन्त्रालय की वरिष्ठ अध्येतावृत्ति मिल गयी, जिसके अन्तर्गत उत्तर प्रदेश की स्त्री-शिक्षा को केन्द्र में रखकर एक उपन्यास लिखना था। यह काम मेरे लिये मुश्किल नहीं था। जीवन का एक बहुत लम्बा हिस्सा यूनिवर्सिटी, कॉलेजों में पढ़ते-पढ़ाते बिता दिया। इतनी किस्म के छात्र-छात्राएँ और सहकर्मी मिले कि अगर डायरी रखी होती तो कमरे भर गये होते। हर चार माह में मन्त्रालय को एक अध्याय लिखकर भेजना था। 'अँधेरे का ताला' उपन्यास शुरू कर दिया। यह उपन्यास जेट स्पीड से पूरा हुआ। इसमें मुझे ज़्यादा परिश्रम नहीं करना पड़ा। करना ही क्या था! जिये हुए को जामा पहनाना था। लेखन के साथ सबसे अजूबी चीज़ यही है। कभी तो इतना सरल लगता है कि मलाई की तरह क़लम से आखर अनन्त निकलते चले आयें और कभी इतना कठिन कि काग़ज़ मुझे घूर रहा है, मैं काग़ज़ को घूर रही हूँ, चाय, कॉफी, वोदका किसी से क़लम का ताला नहीं खुल रहा। ऐसे समय में अपने को किचन में इतना व्यस्त कर लेती हूँ कि काग़ज़-क़लम की याद ही न आये।

माना ऐसे दिन बहुत थोड़े होते हैं। इन दिनों को मैं पशुवत् जीवन मानती हूँ। यह क्या कि बस खाया, खिलाया, टी.वी. चलाया और सो गये। ऐसे दिनों नींद अच्छी नहीं आती। स्वप्न की जगह दुःस्वप्न आते हैं। तबीयत कटखनी रहती है। आत्मविश्वास लड़खड़ाया रहता है। ऐसा लगता है अपने साथ कोई दुर्घटना घटने जा

रही है। I die on a wordless day. ऐसी तड़फड़ तबीयत में छोटी-सी बात भी सुई की तरह चुभ जाती है, घर भर में भन्नायी घूमती हूँ, काल्पनिक कलह का नक़्शा खींचती हूँ और तय कर लेती हूँ दुनिया जाये भाड़ में, अभी काग़ज़-क़लम लेकर बैठूँगी। ऐसे जलते हुए शब्द लिखूँगी कि काग़ज़ में सुराख़ हो जायें। समय के साथ हमारे अन्दर न जाने कितनी रचनाएँ बनती-मिटती और फिर बनती हैं। स्मृति के चिप में बेशुमार घटनाएँ-दुर्घटनाएँ, स्वप्न-दुःस्वप्न, राग-विराग और आशंकाएँ ठसाठस भरी पड़ी हैं। लेखन में हम इनमें से बहुत थोड़े संवेगों का प्रयोग कर पाते हैं। कभी-कभी ऐसा होता है कि कोई स्मृति-बिम्ब हमारे ऊपर हावी हो जाता है। कई बार हमारी रचनाओं में टुकड़े-टुकड़े आता है। यह उस बिम्ब को पूरा करने की हमारी रफ़्ता-रफ़्ता कोशिश कहलाती है।

मैं मथुरा की हूँ। मथुरा मेरी रचनाओं में जब-तब धड़कती रही है-कभी आवेश बनकर कभी परिवेश बनकर। मुश्किल से ग्यारह साल की उम्र तक मथुरा से ताल्लुक़ रहा, लेकिन बचपन की मथुरा मेरे अन्दर उतर गयी। जहाँ-जहाँ मुझे उसका भूगोल भूल गया, मैंने अपनी कल्पना से पूरा कर लिया।

बात उठी है 'दुक्खम-सुक्खम' की, अपने इस नवीनतम उपन्यास में मैंने वे स्मृति-चित्र पकड़ने की कोशिश की है, जो लम्बे समय से मेरे अन्दर चलते रहे हैं। अब से क़रीब पन्द्रह साल पहले मैंने मथुरा के लुटेरे हनुमानवाले कथा-प्रसंग के कुछ पृष्ठ लिखकर एक दिन रवि और अमरकान्त जी को सुनाये थे। मैं यह जाँचना चाहती थी कि आधे-अधूरे तथ्यों के साथ कोई कथा-प्रसंग खड़ा हो सकता है अथवा नहीं। मुझे बड़ा अचरज और आह्लाद हुआ जब अमरकान्त जी और रवि दोनों ने एक स्वर में कहा—"यह है रचना की असली ज़मीन। तुम क्या फ़ैशनेबिल रचनाएँ लिखती रहती हो। इस कथा को इसी तरह लिखो, पारम्परिक और गाथा रूप में।"

उस समय सोचा था अगले चार महीने में उपन्यास पूरा कर लूँगी पर नहीं कर पायी। बार-बार यह लगता कि मथुरा तो अब तक बदल गयी होगी, जमुना जी के सिवा कुछ भी तो पहले जैसा नहीं बचा होगा। पचास-साठ पृष्ठ लिखकर हिम्मत हार गयी।

इस बीच कई शहरों और देशों की धूल फाँकी। नोट्स लिये, जो बिलकुल काम नहीं आये। चित्रों पर धूल पड़ गयी। लोगों के फ़ोन नम्बर बदल गये। बहुत-सा अन्य लिखा तकाज़ों में, दबावों में, सनकों में, तनावों में। रवि कई बार पूछते-उपन्यास का क्या हुआ जो तुम मथुरा पर लिख रही थीं? कैसे बताती कि मेरे पास तथ्य थोड़े हैं, कल्पना ज़्यादा। लेखक की कोई एक मुश्किल हो तो बयान करे। एक बार अपने पापा को इस नॉवल की शुरुआत पढ़वायी थी, वे बिगड़कर बोले—"मुन्नी तेरे पास लिखने की कोई अच्छी बात नहीं होती क्या? तू यह लिखेगी तो सब जान जायेंगे

मेरी माँ का पैर ख़राब था।" क्या कहती पापा से। ज़ाहिर है उन्होंने पाठक की तरह नहीं, पक्षधर पुत्र की तरह रचना पढ़ी थी। कुछ वर्षों के लिए और दब गयी यह अधूरी रचना। अधूरी रचना को अन्तराल के बाद हाथ लगाना बड़ा कठिन काम होता है। पहले का लिखा फ़ालतू और फेंकने योग्य लगता है। नये सिरे से पुराने समय को याद करना पड़ता है। कितने सिरे छूट जाते हैं, कितने सिरे कच्चे निकलते हैं। यही अच्छा है कि घर में दो लेखक होने से हौसला दोगुना हो जाता है। कोई किसी से यह नहीं कहता कि नहीं लिखा जा रहा है तो मारो गोली। किसी भी समस्या से जूझने की हिम्मत हम एक-दूसरे से पा लेते हैं।

जी

कनॉट प्लेस के बाहरी गोलार्द्ध में पहले ही ब्लॉक में स्टोर का नामपट उन्हें दिख गया। दौड़ते वाहनों की परवाह किये बिना वे दोनों लगभग चीख पड़ीं, ''यहीं जाना है, रोको ड्राइवर।'' पार्किंग की जगह ढूँढ़ने में कार कुछ आगे सरक गयी। उतरते हुए उन्होंने आस-पास कोई निशानी तलाश करनी चाही ताकि वापसी में कार ढूँढ़ने में परेशानी न हो। ड्राइवर ने अपना सेलफ़ोन दिखा दिया, ''मैडम फ़ोन कर दीजियेगा, हम आ जायेंगे।''

फ़ोन को लेकर जितना नवयुवक ड्राइवर चुस्त था उतना ही वे दोनों सुस्त। फ़ोन उनके पर्स में बजता रहता, जब तक वह पर्स का बकल खोलकर फ़ोन निकालकर उँगली से दबातीं, स्क्रीन पर लिखा आ जाता, ''वन मिस्ड कॉल।'' दिन भर में अधिकांश कॉलों के साथ यही सलूक होता। हालाँकि उनकी उम्र इतनी पकी हुई नहीं थी पर फ़ोन की घण्टी बजते ही दौड़ना उन्हें चपरासियोंवाला काम लगता। वे हर काम मद्धम गति से करना पसन्द करतीं।

दोनों सहेलियों ने पिछले हफ़्ते ही इस दक्षिण भारतीय साड़ी शो-रूम से काफ़ी महँगी साड़ियाँ ख़रीदी थीं। घर पहुँचने तक वे उत्साह में रहीं। आईने के सामने साड़ी बदन से सटाकर देखी तो उतनी मनभावन नहीं लगी जितनी शो-रूम पर लगी थी। तीन दिन में पसन्द का ज्वार उतरते-उतरते भाटा बन गया। लक्ष्मी ने कहा, ''मैं तो अपनी साड़ी बदलकर लाऊँगी, यह भी कोई रंग है, गाय के गोबर और गधे की लीद जैसा।''

वन्दना तो पहले ही कुढ़ी हुई थी, ''मेरी साड़ी तो और भी ख़राब है। बॉर्डर और पल्लू का साड़ी की ज़मीन से कोई तालमेल नहीं है। ऐसा लगता है यह अलग से चिपकाया गया है।'' बस तय हो गया कि साड़ियाँ बदली जायेंगी।

वे पैसे तो वापस माँग नहीं रहीं, बस ज़रा ज़िन्दादिल रंग की साड़ियाँ लायेंगी यह सोचकर उन्होंने अपने संकोच पर विजय पायी।

इसीलिए वे दोबारा उस शो-रूम में थीं। उनके पास स्टोर का दिया हुआ लिफ़ाफ़ा और नक़द पेमेन्ट की रसीद भी थी।

इस बार दुकानदार, मौसम से भी ज़्यादा ठण्डा पेश आया। उसने घोड़े-जैसा मुँह बनाकर कहा, ''बदल लीजिये पर हम यह पसन्द नहीं करते। आपको अपनी पसन्द पर दृढ़ रहना चाहिए।''

दुकानदार की उपेक्षा को झटककर वे विभिन्न काउण्टरों पर व्यस्त हो गयीं जहाँ अन्य ग्राहकों के आगे तरह-तरह की साड़ियों की तहें खोली जा रही थीं। शो-रूम की चौतरफ़ा रोशनियों में रेशम और रंगों के झरने झिलमिला रहे थे। इस चकाचौंध में उन द्वारा लौटायी गयी साड़ियाँ भी लशकारे मार रही थीं। लगभग वैसी ही दो अन्य साड़ियाँ उन्होंने पसन्द कीं लेकिन क़ीमत पता करने पर मालूम हुआ कि एक की क़ीमत 1900 रुपये ज़्यादा है तो दूसरी की 2100। क़ीमत उनके लिए इतनी बड़ी समस्या नहीं थी कि वे बिदकें। बल्कि लक्ष्मी और वन्दना को यही लगा जैसे उनका रुतबा दुकानदार की नज़रों में बढ़ा। दुकानदार ने नयी नक़द रसीद सहित पैकेट उन्हें पकड़ाया तो उन्होंने उसकी 'हैं-हैं' की तरफ़ ज़रा भी ध्यान न देकर अपने डेबिट कार्ड कैशियर को पकड़ा दिये।

बाहर निकलने पर चाय की तलब उठी। ठण्ड बढ़ गयी थी, उसके साथ अँधेरा भी। सड़क पर आगे भागती हुई कारों की सफ़ेद चीरती हुई रोशनी थी तो पीछे जाती हुई कारों की लाल रोशनी।

लक्ष्मी ने कहा, ''हमें मुश्किल से घण्टा भर लगा होगा लेकिन इस बीच कनॉट प्लेस की सूरत बदल गयी।''

''पहले सात बजे तक इतना सन्नाटा कहाँ होता था। लगता है अब लोग घर-घुस्सू हो गये हैं।''

''चाय के बिना मेरी तो बैटरी डाउन हो रही है।'' वन्दना ने अपने पैर जाम कर दिये।

''चलो इसी ब्लॉक में कोई जगह ढूँढ़ते हैं जिससे कार ढूँढ़ने में आसानी रहे।''

थोड़ा सा पीछे जाने पर उन्हें कॉरीडोर के मुहाने पर दिखा एक सुसज्जित रेस्तराँ : 'जी आतिथ्य।' यह हिन्दी भाषा का जी नहीं था। यह ज़ी टी.वी. वाला जी भी नहीं था। यह विशुद्ध अंग्रेज़ी का जी था। हॉल के अन्दर रौशन अँधेरा था। दीवारें आलोकित थीं, कैश काउण्टर चमक रहा था लेकिन मेज़ें अँधियारी थीं। उन तक पहुँचने के लिए अशर (मेज़दर्शक) अपनी जेब से नन्हीं-सी पेन-टॉर्च निकालकर राह रौशन करते। लड़खड़ाने के डर से वन्दना हॉल की पहली ही मेज़ पर बैठ गयी। लक्ष्मी ने भी सामने बैठकर राहत की साँस ली। ख़रीदारी की उत्तेजना से रक्तचाप कुछ बढ़ गया लगता था। पैदल चलने से साँस भी फूल रही थी। वेटर ने मैन्यू पेश किया और मेज़ पर रखी मोमबत्ती जलायी। लक्ष्मी को प्यास लगी थी। उसने पानी माँगा। वेटर

ने पूछा, "मिनरल या रेग्युलर?" इतनी पूछताछ की लक्ष्मी अभ्यस्त नहीं थी। चालीस वर्षों की नौकरी में अधिकतर ऐसा रहा कि प्रश्नकर्त्ता वह स्वयं होती थी और जवाब देनेवाले अन्य।

"मुझे पानी चाहिए, बहस नहीं।" उसने ज़रा सख़्ती से कहा। वन्दना ने उसे सामान्य करने की गरज़ से कहा, "यह बताओ लकी, जी से क्या याद आता है?"

लक्ष्मी के पीले गालों पर हल्की गुलाबी रंगत पड़ी। लेकिन वह तुरन्त सँभल गयी और कहा, "और क्या याद आयेगा, अरे गाँधी याद आते हैं।"

"महात्मा गाँधी या राजीव गाँधी।"

"वैसे जी तो इन्दिरा गाँधी के लिए प्रयुक्त होता था। है न!" लक्ष्मी ने अपने भोलेपन में इज़ाफ़ा किया।

"यह तो मैं भी जानती हूँ। डॉम मोरेस अपनी पत्नी लीला नायडू से बात करते हुए मिसेज़ गाँधी को मिसेज़ जी कहते थे। उन्होंने उनकी जीवनी भी लिखी थी।"

"मैडम ये सब बातें कौन नहीं जानता। मेरा मतलब है क्या जी से और भी कुछ याद आता है?"

लक्ष्मी चौंक उठी, "अरे तुम्हें अभी तक वह बात याद है।"

विद्यार्थियों के एक दल के साथ वे गोवा गयी थीं कुछ साल पहले, यह तब की घटना है।

समुद्र-तट पर तैरनेवालों का, नहानेवालों का और पानी में क्रीड़ा करनेवालों का रेला था वहाँ। उस दिन अच्छी धूप निकली थी और समुद्र शान्त था। गाइड ने इनसे कहा, "मैडम आप भी समुद्र स्नान का आनन्द उठा लें।"

लक्ष्मी ने कहा, "हमें तैरना नहीं आता पॉल।"

वन्दना बोली, "मैंने बेलगाम में सीखा था थोड़ा-थोड़ा लेकिन बस डूबने लायक़। बिल्कुल अभ्यास नहीं किया।"

पॉल डिकोस्टा गाइड ने कहा, "अरे मैडम यहाँ नहानेवालों में पचास प्रतिशत का यही हाल है। जबकि तैरने में कुछ भी नहीं है, मैं भी सिखा सकता हूँ आपको।"

दोनों अविवाहिताएँ कानों तक लाल हो गयीं।

वन्दना ने सँभलकर कहा, "फिर हमारे पास स्विम सूट भी तो नहीं है।"

पॉल ने पास से गुज़रते एक आदमी से कोंकणी में कुछ कहा। थोड़ी ही देर में वह होटल से दो स्विम सूट ले आया।

पॉल ने कहा, "ये लीजिये मैडम, स्विम सूट भी आ गया।" पैकेट से निकालने पर कुछ देर तो दोनों महिलाओं को तनियों के सिवा कुछ नज़र ही नहीं आया। उठाकर

देखा तब समझ में आया कि यह बिकिनी है जिसमें ब्रा और जी-स्ट्रिंग का जोड़ा होता है।

लक्ष्मी ने चुहल की, ''वंदी तुम यह पहन लोगी?''

वन्दना ने कानों को हाथ लगाया, ''सवाल ही नहीं उठता, वह भी इतने लोगों के सामने।''

पॉल उनका संकोच ताड़ रहा था। उसने कहा, ''मैडम यहाँ कोई किसी को नहीं देखता, सब अपने में मगन हैं।''

यह क़रीब सन् 2000 की घटना होगी अर्थात् तेरह साल पहले। तब ये दोनों रिटायर नहीं हुई थीं। तन्वंगी नहीं तो कम-से-कम सुडौल तो थीं ही। लक्ष्मी मैनन का रंग गोरा था और नैन-नक़्श बाँके। वन्दना का रंग-रूप थोड़ा दबा हुआ था फिर भी कुल मिलाकर आकर्षक थी। प्रेम और विवाह के कई अवसर जान-बूझकर गँवाकर अब लक्ष्मी और वन्दना 'ओल्ड गर्ल्स' के वर्ग में पहुँच गयी थीं।

समुद्र-तट पर उन्होंने ब्रा और जी-स्ट्रिंगवाला स्विम सूट पहनना ख़ारिज कर दिया किन्तु रात में वे देर तक इसके सैद्धान्तिक विवेचन में लिप्त रहीं। उन्होंने निष्कर्ष निकाला कि यह पाश्चात्य परिधान नहीं वरन् प्राचीन भारतीय परिधान का ही परिवर्तित रूप है।

वन्दना ने कहा, ''मन्दिरों के भित्ति चित्र देखो तो तुम्हें पता चलेगा कि वल्कल का ही बदला हुआ रूप है ब्रा।''

''और जी-स्ट्रिंग?'' लक्ष्मी ने पूछा।

''अरे हनुमान जी जो कौपीन धारण करते हैं वही थोड़ी कतर-ब्योंत के बाद जी-स्ट्रिंग बना होगा।''

उन्हें याद आया मथुरा प्रवास में उन्होंने पण्डों को लँगोट लगाये देखा था। यह जी-स्ट्रिंग कुछ ऐसी ही चीज़ थी। उससे पतली और रंगीन।

वन्दना की यादों की डिब्बी में ये सब घटनाएँ सँभालकर रखी हुई थीं। जब भी वह डिब्बी में से कोई याद निकालकर उलटती-पुलटती, लक्ष्मी स्पन्दित हो जाती। उन दोनों को हर स्मृति कल-परसों की लगती चाहे उसे घटित हुए बरसों हो चुके हों। वर्तमान घटनाक्रम उन्हें थका देता किन्तु अतीत उन्हें स्वप्न की तरह स्फूर्ति देता।

जी की अन्य मेज़ें भी अब खाली नहीं थीं। बीच की लम्बी मेज़ पर काफी गहमागहमी थी जबकि अगल-बगल की मेज़ों पर कई जोड़े बैठे थे। बीच की मेज़ पर विवाह के बाद की पार्टी का जश्न मनाने मित्रगण, नव विवाहित दम्पती के साथ आये हुए थे।

तभी प्रवेश-द्वार का दाहिना हिस्सा आलोकित हो गया। यह एक छोटा सा स्थान था जहाँ क़ालीन, गावतकिये और माइक्रोफ़ोन के सहारे स्टेज का आभास बनाया गया था। आलोक थोड़ा और फैला तो पता चला स्टेज निर्जन नहीं था। उस पर उन्नाबी शेरवानी पहने गायक और हरे सलवार-सूट में गायिका नमूदार हुई। उनके पीछे दो साज़िन्दे ज़रा बायें होकर बैठे थे। चार लोगों के बैठने के लिए यह जगह वाक़ई कम थी। स्टेज के आख़िरी कोने में रोशनी ज़रा कम थी इसलिए स्पष्ट नहीं था कि वहाँ क्या था।

जब से देश में जगजीत सिंह और चित्रा सिंह के स्टेज शो क़ामयाब हुए थे, हर बड़े होटल और बार ने अपने यहाँ संगीत का लाइव-शो आयोजित करना शुरू कर दिया था। इसमें पाश्चात्य संगीत से कम झमेला था और यह कमोबेश कम ख़र्चीला पड़ता। कुछ आनेवालों को तो मानो झख सवार हो जाती। वे रोज़ एक निश्चित समय पर आते और उसी गाने की फ़रमाइश करते जो पिछले दिन सुनकर गये थे। ऐसे में गायकों का काम आसान हो जाता और वाहवाही जमकर मिलती। आशुतोष मुखर्जी और मिलन मुखर्जी का यह जोड़ा फिलहाल तीस दिन के अनुबन्ध पर 'जी' में रखा गया था। एक लाख के मेहनताने पर यह तय हुआ था कि साज़िन्दों का ख़र्च होटल के ऊपर नहीं है। इन कलाकारों को प्रतिदिन शाम 8 से 11 बजे रात तक गाने सुनाने होते। जब 'जी' का अन्तिम ग्राहक विदा होता तभी यह दम्पती अपनी बैठक बर्ख़ास्त करते। कार्यक्रम के दौरान दो बार उन्हें कॉफी पेश की जाती। इन कलाकारों का अभ्यास था कि वे प्रोग्राम प्रस्तुत करते समय कुछ खाना पसन्द नहीं करते। चाहे कितनी भी देर हो जाय, खाना वे घर जाकर ही खाते।

थोड़ी देर नमस्कार, आदाब-अर्ज़ के बाद आशुतोष ने शाम का पहला गाना शुरू किया "देर लगी आने में तुमको, शुक्र है फिर भी आये तो।" उसकी आवाज़ में रोमान और सोज़ का संगम था। उसकी साँवली सूरत दिलकश थी और कलाकारों की तरह उसके हाव-भाव हलकी नज़ाकत भरे थे।

लोग अपनी पसन्द के गाने सुनना चाहते थे। वेटर ने आकर मिलन मुखर्जी को चिट थमा दी। चिट पढ़कर मिलन हौले से मुस्करायी। यही गाना पिछले दिन उसने सुनाया था। आशुतोष के ख़त्म करने के बाद उसने अपनी डायरी का एक पृष्ठ खोला। बायें झुककर उसने साज़िन्दों को निर्देश दिये। हारमोनियम का ज़िम्मा आशुतोष का था। मिलन मुखर्जी ने गाने के बोल उठाये "आजकल पाँव ज़मीं पर नहीं पड़ते मेरे।"

मंच के नीचे, मुख्य हॉल में मेज़ों की स्थिति से पहले थोड़ी-सी खाली जगह थी। वन्दना की नज़र वहाँ पहले पड़ी। वहाँ एक छोटी-सी कुर्सी पर तीन-चार साल की

एक बच्ची बैठी हुई टकटकी लगाकर मंच की ओर देख रही थी। उसने लाल स्वेटर पहन रखा था जिससे उसके बाकी कपड़े नज़र नहीं आ रहे थे।

"यह छोटी-सी बच्ची यहाँ क्या कर रही है?" वन्दना ने लक्ष्मी से कहा।

लक्ष्मी मैनन ने ध्यान से देखा, "शक्ल सूरत से यह इन कलाकारों की बच्ची लगती है। देखा नहीं कैसे मगन होकर माँ-बाप को देख रही है।"

"बेचारी अकेली बैठी है।"

"अकेली नहीं है, माँ-बाप उसे देख सकते हैं।"

थोड़ी देर और बैठने की गर्ज़ से वन्दना राव और लक्ष्मी मैनन ने चाय का एक और पॉट मँगाया। वेटर उनकी तरफ़ कौतूहल से देखने लगा। फिर "यस मैडम" कहकर चला गया।

लक्ष्मी को अपने पिता के साथ क्लबों में जाने का अनुभव था। वह समझ गयी कि जी की संस्कृति में रात आठ बजे का वक़्त चाय का नहीं है।

अन्य मेज़ों पर विस्की और वोदका का दौर था।

इस बार की चाय में कुछ कम लज़्ज़त मिली। अब पुरुष स्वर में गाना चल रहा था, "होंठों से छू लो तुम मेरा गीत अमर कर दो।"

वन्दना राव ने कहा, "लकी आज क्या वार है?"

लक्ष्मी चिहुँक पड़ी, "अरे बाप रे, मैं तो भूल ही गयी। आज शुक्रवार है। 'कौन बनेगा करोड़पति' रह जायेगा मेरा, जल्दी चलो वापस।"

वन्दना ने वेटर को इशारे से बुलाया और बिल मँगाया। बिल का भुगतान कर वे फ़ौरन उठ दीं। गाने के बीच में उठना अभद्रता की निशानी थी पर उन्होंने इसकी परवाह नहीं की। आख़िर उनका पसन्दीदा प्रोग्राम 'कौन बनेगा करोड़पति' छूट जाता।

नोट—पाठकों हम वन्दना राव और लक्ष्मी मैनन से यहीं विदा लेते हैं। वे कनॉट प्लेस के बाहरी गलियारे की बायीं तरफ़ अपनी गाड़ी ढूँढ़ रही हैं, देर-सवेर वह मिल ही जायेगी।

'जी' के मुख्य हॉल में माहौल उठान पर था। कलाकारों के पास बार-बार फ़रमाइश आ रही थी। इस बीच वेटर उनके लिए कॉफी रख गया था। नन्हीं बच्ची के आगे एक छोटी-सी तिपाई लगाकर वेटर ने सैण्डविच की प्लेट रख दी थी। बच्ची के हाथ में अधखायी चॉकलेट थी। उसने चॉकलेट प्लेट में रखी और सैण्डविच खाने लगी। वेटर ने पेपर नैपकिन का स्टैण्ड भी तिपाई पर रख दिया गोया नन्हें मेहमान का पूरा आतिथ्य कर रहा हो। अब बच्ची का ध्यान सैण्डविच से हटकर नैपकिन पर चला गया। उसने सैण्डविच अधखाया, प्लेट में रखा और नैपकिन से मुँह पोंछने

लगी। उसने उठने की कोशिश की। वेटर तुरन्त उसकी मदद को आया। वह उँगली पकड़कर उसे वॉशरूम की तरफ़ ले गया। गायिका थोड़ी विचलित हुई। उसे पता था, बच्ची अपने आप टॉयलेट का इस्तेमाल नहीं कर पायेगी। वह भी उठकर टॉयलेट की तरफ़ गयी, बिना किसी भी मेज़ की तरफ़ ध्यान दिये, आत्मकेन्द्रित-सी। वॉशरूम के अन्दर पहुँचते ही उसने बेटी को कसकर अपने से चिपका लिया, ''मेरी तितली, मेरी पुतुल। चलो मैं तुम्हें मुत्ती कराऊँ।'' बच्ची एक क्षण को मिलन से चिपकी फिर नीचे उतर गयी, ''ममा आप जाकर गाना गाओ, मैं आपे आ जाऊँगी।''

मिलन का जी भर आया। उसकी यह इकलौती बच्ची चार साल की उम्र में इतनी समझदार हो गयी थी कि उन्हें तकलीफ़ होती। जब यह और भी छोटी थी तब आशु की माँ उनके साथ रहती थीं और पुतुल उनसे खूब हिली हुई थी। लेकिन साल भर पहले माँ कलकत्ते चली गयी अपने छोटे बेटे के पास क्योंकि छोटी बहू के बच्चा होनेवाला था। जब 'जी' का यह अनुबन्ध मिला था, मिलन ने कहा था, ''सुनो आशु तुम अकेले सँभालो, मैं पुतुल को छोड़कर नहीं जाऊँगी।''

आशुतोष ने बताया, ''यह काम हम दोनों को मिला है, दोनों को उपस्थित रहना होगा। ऐसा हो सकता है कि हम बारी-बारी से एकल गीत गायें लेकिन बैठना दोनों को पड़ेगा।''

बड़ा सवाल यह था कि पुतुल को किसके भरोसे छोड़ें। बर्तनवाली बाई आठ घरों का काम करती थी। उसके पास दम मारने की फ़ुर्सत नहीं। अपार्टमेण्ट में रह रहे पड़ोसी सब अजनबी और कामकाजी। आशुतोष बोला, ''इतना बड़ा मौक़ा हाथ से निकल जायेगा। कहाँ मैं सोच रहा था कि 'जी' के बल पर हमें 'हयात' और 'अशोका' में भी काम मिलेगा।''

पुतुल जो रोज़ माता-पिता का वाद-विवाद सुन रही थी, बोली, ''पापा आप बाहर से ताला लगा देना मैं घर में बैठी रहूँगी। मैं बहुत बहादुर हूँ।''

मिलन को रोना आ गया, ''तुम रोज़ अख़बार में पढ़ते तो हो, दिल्ली में छोटी बच्चियों को कैसे मारकर फेंक देते हैं। मैं बिलकुल नहीं गानेवाली।'

आशुतोष ने 'जी' के मालिक से बात कर रास्ता ढूँढ़ा कि उनके कार्यक्रम के दौरान बच्ची एक तरफ़ बैठी रहे। मालिक जी. एस. सूरी ने कहा था, ''शो के समय आपका फोकस बच्चे पर नहीं, मेहमानों पर होगा। आपकी पत्नी, हॉल में बच्चे के पास नहीं जायेंगी, हमें आप दोनों की आर्टिस्ट इमेज चाहिए, पैरेण्ट इमेज नहीं चलेगी।''

आशु ने पुतुल को समझाया, ''देखो हम तुम्हें रोज़ बढ़िया जगह ले चलेंगे, तुम चुपचाप बैठना। बीच में ममा-पापा कहकर ये पुकारना नहीं। शू शू, पॉटी आये तो वेटर को बोलना, वह तुम्हें टॉयलेट ले जायेगा।''

पुतुल ने सिर हिलाया।

यह अभ्यास आसान नहीं था। अपने बच्चे को सामने देखते हुए भी न देखना, उसके बैठने से अनजान बने रहना, मिलन के लिए यन्त्रणादायी था। प्रकट में वह माइक के आगे गाती रहती, आधी नज़र से वह देख लेती बच्ची क्या कर रही है। माता-पिता पुतुल की जेबों में चॉकलेट, छोटे बिस्किट वगैरह रख देते।

'जी' में खाने-पीने की कमी नहीं थी। वेटर दरियादिली से बच्ची के आगे कभी पेस्ट्री कभी सैण्डविच, कभी आलू के चिप्स रख देते। पुतुल को दस बजे से नींद आने लगती जबकि मुखर्जी दम्पती को 'जी' से उठते-उठते ग्यारह बज जाते। पुतुल तिपाई पर अपनी बाँहो का तकिया बनाकर ऊँघ जाती। मिलन का मन होता वह माइक से लोरी सुना दे लेकिन तभी कोई मेहमान फ़रमाइश की चिट भेज देता, "कोई हॉट गाना सुनाइये।" मुखर्जी जोड़ी का नियम था वे सस्ते फ़िल्मी गाने नहीं गाते। वे इशारे से बताते उनकी डायरी में यह गीत है ही नहीं। लेकिन अच्छे फ़िल्मी गानों से उन्हें परहेज़ नहीं था ख़ासकर उन्हें साहिर, गुलज़ार के गीत रटे रहते। उनका अनुभव था कि लोग बहुधा सातवें, आठवें दशक के फ़िल्मी गाने सुनने पसन्द करते।

पुतुल पेपर टिशू को आड़ा-तिरछा मोड़कर कुछ बनाने की कोशिश कर रही थी। उसकी क्राफ्ट क्लास में आज बच्चों को नाव बनाना सिखाया गया था। लेकिन यह टिशू पेपर बहुत पतला था। चार से ज़्यादा तह लगाने पर फट जाता। टिशू पेपर फटते ही पुतुल दूसरा टिशू पेपर उठा लेती। उसके हाथ घुमाने के ढंग से लग रहा था जैसे वह ऑरिगेमी जानती है। उसने अधमुँदी आँखों से माँ-बाप की तरफ़ देखा। वे इस वक़्त एक-दोगाना सुनाने में मगन थे।

आख़िरकार ग्यारह बजकर दस मिनट पर 'जी' के समस्त मेहमान विदा हुए। इस दिन 'जी' की अच्छी कमाई हुई थी। शुक्रवार को कॉरपोरेट जगत् के वी.आई.पी. ज़्यादा आते थे, थैंक गॉड इट्स फ्राइडे वाले।

गायक दम्पती ने अपनी उनींदी बिटिया को उठाने का प्रयत्न किया। वेटर दयाराम ने कहा, "आप गाड़ी लेकर आइये, मैं बेबी को बाहर लाता हूँ।"

मुखर्जी दम्पती के पास पीले रंग की 'नैनो' थी जो 'जी' के पिछवाड़े की पार्किंग में खड़ी रहती।

घर पहुँचते साढ़े ग्यारह बज गये। मिलन को पता था, बच्ची इस वक़्त कुछ खायेगी नहीं। उसने बोतल में दूध डालकर उसके मुँह में लगा दिया। कच्ची नींद में पुतुल आराम से दूध गटक लेती थी। सब काम समेटकर मिलन बेबी के पास आकर लेटी। उसने उसे रजाई ठीक से उढ़ायी। पुतुल ने करवट ली। मिलन उसे धीरे-धीरे थपकने लगी। तभी पुतुल के कान पर नज़र पड़ी उसकी।

"हैं, यह काग़ज़ कहाँ से आया?" मिलन ने अचरज से कहा और काग़ज़ कान में से निकालने लगी।

आशुतोष भी उठ बैठा। उसकी तरफ बच्ची का जो कान था, उसमें भी टिशू पेपर भरा हुआ था।

दोनों कानों में पुतुल ने टिशू पेपर गुड़ी मुड़ी करके घुसा रखा था।

पुतुल की नींद में खलल पड़ा। उसने माँ की तरफ़ एक बार आँख खोलकर देखा और नींद-ही-नींद में बोली "ममा और गाना, गाना नहीं।"

●

कामयाब

हमारा घर उनके घर से सटा हुआ था। दोनों घरों के बीच दीवार थी जिसमें कोई खिड़की नहीं थी।

काफ़ी दिन सियासत में पापड़ बेलकर अब वे विधान परिषद् के सदस्य बन गये थे। उनका एक पैर लखनऊ और एक इलाहाबाद रहता। दोस्ताना तबीयत पायी थी। अगर एक दिन को भी घर आते, हमसे ज़रूर मिलते। कई बार ऐसा भी हुआ कि दोपहर में हमारे ही घर पर एक लम्बी झपकी मारकर आराम कर लिया।

"घर में कोई चैन नहीं लेने देता। आख़िर कब सोये इन्सान?" हाफ़िज़ इलाहाबादी कहते।

दरअसल उनके ऊपर लखनऊ की बेग़म कुछ इस क़दर मेहरबान थीं कि हाफ़िज़ भाई की अपनी बेग़म हरदम तिनतिनायी रहतीं। बेग़म लखनपुर ने रुपया-पैसा ख़र्च कर उन्हें लखनपुर से विधायक बनवा दिया। हाफ़िज़ भाई लखनपुर ख़ास से एक छोटा सा रिसाला 'आवाज़' निकालते थे जिसकी बिना पर उन्हें पत्रकार मान लिया गया। बेग़म लखनपुर जानती थीं कि दो-चार नेता जेब में रखकर ही वे नाम कमा सकती हैं। उनके शौहर, नवाब लखनपुर, लम्बे अरसे से, बायीं तरफ़ के फ़ालिज़ की चपेट में थे। वे अपने कमरे में पड़े रहते या सुबह के वक़्त पहियाकुर्सी में, अपने बग़ीचे की सैर करते दिखायी देते। उनके शरीर का दायाँ हिस्सा ठीक था पर वे दिन-भर में अपने एक पाँव और हाथ पर ज़ोर डालकर उस हिस्से को भी थका डालते। मालिशवाला दिन में दो बार आकर उनकी मालिश कर जाता लेकिन उनके अंग-अंग में हर वक्त दर्द रहता।

बेग़म लखनपुर शौक़ीन महिला थीं। उन्हें क़िस्से, कहानियाँ, लतीफ़े और पुराने गाने सुनने का शौक था।

हाफ़िज़ भाई ने उनकी यह नब्ज़ पकड़ रखी थी। आलम यह था कि अगर बेग़म लखनपुर को रात में नींद न आती तो वे फ़ौरन हुक्म करतीं, "हाफ़िज़ साहब को बुलाया जाय।"

नवाब लखनपुर बिस्तर पर लेटे-लेटे कान खड़े कर लेते। उन्हें नींद बहुत कम आती और जब आती तो नींद से ज़्यादा खर्राटे आते। जैसे ही खर्राटे टूटते, उनकी

नींद भी खुल जाती। उन्हें घर में मेहमानों का या बाहरी आदमियों का आना पसन्द नहीं था पर हाफ़िज़ भाई के आने पर वे नहीं भड़कते। हाफ़िज़ थे भी बड़े व्यवहारकुशल। सबसे पहले वे नवाब साहब के पास बैठकर उनकी खैरियत पूछते, फिर बड़ी मुहब्बत से कहते, ''नवाब साहब क्या लीजियेगा, पानडली या सिगरेट?''

हाफ़िज़ के पास चाँदी की डिब्बी में मगही पान के बीड़े, जोड़े में लगे होते और जेब में 120 नम्बर का ज़र्दा। जोड़ा पान मुँह में रखते ही नवाब साहब की तबीयत मस्त हो आती। इसके बाद दीवानख़ाने में हाफ़िज़, बेग़म लखनपुर के लिए, क़िस्सों की पिटारी खोलकर बैठ जाते। बेग़म लखनपुर हँसते-हँसते लोटपोट हो जातीं। कई बार के सुने हुए क़िस्से भी वे उसी शिद्दत से सुनतीं। आख़िरकार हाफ़िज़ की आँखें झँपने लगतीं। वे उठ जाते, ''चलते हैं बेगम साहिबा, शब्बा ख़ैर।''

हमने भी हाफ़िज़ भाई से बेशुमार लतीफ़े सुन रखे थे। सुनाते वक़्त वे ख़ुद भी अपनी बात का ख़ूब लुत्फ़ उठाते। उनकी बुलन्द आवाज़ में मामूली बातें भी ग़ैर मामूली लगतीं। शाम के वक़्त, कभी-कभी वे हमारे घर में विस्की के दो-एक पैग भी ले लेते। ऐसे दिन वे अपने क़िस्सों में ख़ुद को शहसवार बना लेते। वे भूल जाते कि एक बार पहले भी ये क़िस्सा वे दूसरी तरह से सुना चुके हैं। इन्दिरा गाँधी को लोकनाथ की जलेबियाँ पसन्द थीं, यह क़िस्सा वे एक बार फिर शुरू कर देते जिसका अन्त इस तरह होता, ''और आप यक़ीन करेंगे मैंने सुबह आठ बजे, अपने लोकनाथ के भैरव जलेबीवाले को 7 रेसकोर्स रोड पहुँचा दिया, कढ़ाई, पौनी, कनस्तर समेत। मैडम भौचक्की रह गयीं, उन्होंने कहा, ''हाफ़िज़ भाई आपका भी जवाब नहीं।''

ऐसे ही किसी लम्हे में उनके घर से बुलावा आ जाता। उनका मूड उखड़ जाता। वे झुँझलाकर अपने होंठों से हटाकर सिगरेट कुचल देते। वे कहते, ''पता नहीं क्यों बेगम के सामने जाकर मेरी सारी शराब पानी बन जाती है।''

हाफ़िज़ की बेगम उनका विलोम थीं। कहने को तहमीना हमारी पड़ोसन थी, उनसे हमारा मिलना जुलना नहीं के बराबर था। उनका ज़्यादा वक़्त अपनी बेटियों की या अपने रक्तचाप की देखभाल में कटता। बग़ल की धोबी गली में उनकी बहन सईदा रहती थी। ख़ाली वक़्त वे वहाँ काटतीं।

हम इस मुहल्ले में नये आये थे। अल्पसंख्यकों से भरी इस बस्ती में हमारा ज़्यादा ज़ोर इस बात पर था कि हम सबको बता दें कि हम छाप तिलकवाले हिन्दू नहीं हैं और हमारा सबसे पसन्दीदा शायर ग़ालिब है तो सबसे अज़ीज़ गायक मुहम्मद रफ़ी और तलत महमूद। दिलीप और मीना कुमारी हमारे दिलों पर राज करते रहे हैं और इन दिनों हम कुरान पाक का हिन्दी तर्जुमा पढ़ रहे हैं।

हाफ़िज़ हमसे कहते, "अमाँ तुम कट्टर नहीं हो यह साबित करने में अपनी जान क्यों हलाकान करते हो। यह क्यों नहीं साबित करते कि तुम भी हम-जैसे इन्सान हो।" हम उनकी बातों के क़ायल हो जाते।

इधर जब से मुल्क़ में आतंकवाद बढ़ा, हर विधायक को एक-एक अंगरक्षक मिल गया था। उसका काम था परछाईं की तरह विधायक के पीछे-पीछे रहना। हाफ़िज़ को भी शैडो मिला। जब वे इलाहाबाद आते, शैडो उनके साथ आता।

सुबह के वक़्त हाफ़िज़ अपनी भारी-भरकम आवाज़ में पुकारते, "शैडो भई अन्दर जाकर देखो। चाय बन गयी हो तो हमें भी ला दो और ख़ुद भी पी लो।"

सभी विधायक अपने शैडो का इस्तेमाल अर्दली की तरह करते। कुछ तो शैडो से खाना भी बनवाते। हाफ़िज़ कहते, "अरे यह पण्डत हमें दाल-भात के सिवा क्या पकाकर खिलायेगा? खाना तो हम अपनी बेग़म के हाथ का ही खायेंगे।"

उनकी प्यारी बेग़म तहमीना के माथे की त्योरियाँ इस बात से ज़रा भी सीधी न होतीं। वह बावर्चीख़ाने में पसीना पोंछती हुई बुड़बुड़ाती, "मुफ़्त की नानबाई मिली हुई है इन्हें। ख़ुद दुनिया जहान में घूमें, हमें बेटियों की आया बनाकर डाल दिया है।" उनके घर में पैसों की खींचतान नहीं थी। अक्सर तहमीना रानीमण्डी के सुनारों की दुकानों पर दिख जातीं। अगर कभी हमारी नज़र पड़ जाती वे फ़ौरन कहतीं, "दो बेटियाँ ब्याहनी हैं, इनके लिए तो दो टोकनी ज़ेवर भी कम पड़ेंगे।"

हाफ़िज़ दो-एक दिन से ज़्यादा घर में न टिकते। जाते हुए हमसे कहते, "घर के बिस्तर पर नींद नहीं आती। रेल की ऐसी आदत पड़ गयी है कि गाड़ी में सवार होते ही सो जाता हूँ।"

हाफ़िज़ की दोनों बेटियाँ, सना और सुबूही बेहद शोख़ और ख़ूबसूरत थीं। सना इतनी गोरी थी कि उसके माथे की नीली नस हमेशा झलक मारती रहती। सुबूही भी आकर्षक थी लेकिन कुछ कम गोरी। सना चुप्पा थी तो सुबूही बातूनी। वह कहती, "पापा मम्मी सना आपा की चाहे जितनी तारीफ़ करते रहें, दुनिया की दौड़ में अव्वल तो मैं आऊँगी।"

उसकी इस तेज़ी का थोड़ा अन्दाज़ तो हमें भी था क्योंकि वह अपने दोस्तों से बातचीत, अपने घर के फ़ोन से न कर, हमारे घर के फ़ोन से करती।

उसने मुझसे कहा, "आण्टी अगर पूनम का फ़ोन आये तो मुझे ज़रूर बुला दीजियेगा। बस छत पर से आवाज़ दे दीजिये, मैं फ़ौरन आ जाऊँगी।"

कुछ दिनों की बातचीत सुनने के बाद मुझे यह अहसास हुआ जिसे वह पूनम का फ़ोन कॉल बताती थी, दरअसल वह पूनम के भाई का फ़ोन था। पूनम फ़ोन मिलाकर, अपनी आवाज़ मुझे सुनाकर, फ़ोन अपने भाई क्षितिज को दे देती।

मेरा ख़याल था हमें यह राज़ सुबूही के माँ-बाप को बता देना चाहिए। कुल दसवीं कक्षा में पढ़नेवाली बच्ची अपना भला-बुरा कैसे पहचान सकती है। लेकिन राजेश ने मुझे बरज दिया।

''दूसरों की ज़िन्दगी में झाँकना ग़लत काम है। 16 साल की लड़की अपना भला-बुरा समझ सकती है। फिर वह हम पर भरोसा करती है जो टूट जायेगा।'' राजेश का तर्क था।

मन-ही-मन कसमसाकर रह गयी मैं।

अपनी तरफ़ से बस इतना किया कि कई बार जब पूनम का फ़ोन आया तो झूठ ही कह दिया, ''मैं अभी नहा रही हूँ या बाज़ार जा रही हूँ।''

घर से दूर और अलग रहते-रहते हाफ़िज़ आज़ाद परिन्दे हो गये थे। वे बाहर ख़ूब ख़ुश रहते। उन्हें दारुलशफ़ा में एक फ्लैट मिला हुआ था। लखनपुर में 'आवाज़' दफ़्तर के पीछे ही दो कमरों में उनकी रिहाइश का इन्तज़ाम था। वे लगातार दौरा करते। बीच-बीच में इलाहाबाद आते लेकिन घर में मेहमान बने रहते।

उनसे मिलनेवालों की तादाद काफ़ी थी। सभी का सरकार में कोई-न-कोई काम फँसा रहता। हाफ़िज़ सब के साथ मुहब्बत से बोलते। काम हो न हो, फरियादी उनके पास से ख़ुश होकर लौटता। उनकी लोकप्रियता तहमीना के गले न उतरती। वह बेटियों को सुनाकर कहती, ''तुम्हारे पापा सारी दुनिया से प्यार से बोलते हैं, बस बीवी के ऊपर तोप ताने रहते हैं।''

सना सुबूही चुप मार जातीं। उन्हें अपने पिता से कोई शिकायत नहीं थी। पिता के सिर पर उनके सारे ऐश-ओ-आराम थे। हाफ़िज़ बेटियों को दिल खोलकर जेब ख़र्च देते।

हाफ़िज़ तरक़्क़ी करते-करते विधायक से सांसद बन गये और दिल्ली पहुँच गये। उन्हें फ़ीरोज़शाह रोड पर एक शानदार बँगला मिल गया। हमारे पड़ोस का उनका छोटा-सा घर मंज़िल-दर-मंज़िल ऊँचा होता गया। उनकी बीवी अधेड़ होती गयी, उनकी बेटियाँ जवान होती गयीं।

हाफ़िज़ भाई की कामयाबी का चर्चा जिस वक़्त चलता लोग पहले उनकी तारीफ़ों के पुल बाँधते, फिर आवाज़ दबाकर कहते, ''उनकी क़िस्मत अच्छी थी, उनकी पीठ पर लखनपुर की बेग़म सलमा का हाथ रहा। उन्हीं की बदौलत उनका यह टूटा-फूटा खपरैला मकान आज तिमंज़िली इमारत बन गया। लखनपुर ख़ास की हवेली, सलमा बेगम ने पूरी तुड़वाकर नये सिरे से बनवायी। हाफ़िज़ भाई ने रातोंरात ट्रकों में भरवाकर सारा संगमरमर, फर्नीचर, यहाँ तक कि बाथरूम का हौज और टंकियाँ भी रानीमण्डी पहुँचवा दीं। अन्दर किसी को जाने की इजाज़त नहीं है पर सुना है कि उनका मकान एकदम महल बन गया है।''

जितना यह सच् था, उतना यह भी सच था कि उस महल में रानी और दो राजकुमारियाँ, क़ैद में पड़ी बुलबुलें थीं। तहमीना का अपनी बड़ी बहन सईदा के घर उठना-बैठना था। सईदा के शौहर की, तीन साल पहले तपेदिक से मौत हो चुकी थी। उसके दोनों बेटे मिलकर धोबी गली में ही पतंगें बेचने का काम करते। इस काम में कमायी ख़ास नहीं थी पर उनका दिल लगा रहता। सईदा को वहम था कि ज़्यादा मेहनतवाले कामों में फँसकर कहीं नदीम और फ़हीम भी अपने बाप की तरह तपेदिक के मरीज़ न हो जायँ। नदीम और फ़हीम अपने हाल पर खुश थे। मुहल्ले भर के लड़के उन्हें छोटे मियाँ बड़े मियाँ कहकर इज्ज़त बख्शते और सलाम करते। शाम के वक़्त वे अपनी दुकान पर कैरम के जवाबी मैच करवाते। मुहल्ले की लड़कियों की जासूसी करना, लखन पानवाले के अड्डे पर खड़े रहना और नये लड़कों को पतंग के दाँव-पेंच समझाना उनके अहम् काम थे। उनकी पढ़ाई नवीं क्लास से आगे नहीं बढ़ पायी क्योंकि तभी प्रदेश भर में नक़ल विरोधी अध्यादेश जारी हो गया। नदीम और फ़हीम ने खत्री पाठशाला से दसवीं का परीक्षा फॉर्म तो ज़रूर भरा लेकिन ऐन इम्तेहान के दिन दोनों घर बैठ गये। माँ को समझा दिया, "बड़ा ख़राब क़ानून पास हुआ है इस बार। हॉल में बैठकर जो दायें से बायें देखा तो हथकड़ी पड़ जायेगी। ज़मानत भी नहीं होगी, सीधे हवालात।" सईदा आपा घबरा गयीं। उन्होंने दोनों बेटों की बलाएँ उतारीं और कहा, "चलो हमें कौन सी नौकरी करवानी है, हमारे चिराग़ सलामत रहें।"

सईदा की हार्दिक अभिलाषा थी कि नदीम का ब्याह हाफ़िज़ की बड़ी बेटी सना से हो जाय। लेकिन एक तो सना नदीम से आठ माह बड़ी थी, दूसरे बी. ए. के आख़िरी साल में बैठनेवाली थी। फिर तहमीना भी इस रिश्ते को नकार चुकी थी। उसका ख़याल था सना का रिश्ता किसी शाही ख़ानदान में होगा।

सना इस बार हमारे घर आयी तो तिनतिना रही थी। उसने कहा, "आण्टी नदीम भाई ने हमारे ऊपर फतवा जारी किया है कि हम खुले मुँह यूनिवर्सिटी नहीं जा सकतीं। उनके हिसाब से हमारा हिजाब पहनना ज़रूरी है। दूसरे जीन्ज़ पहनने पर भी पाबन्दी लगायी है। आप बताइये आण्टी आज के ज़माने में इन दकियानूसी हिदायतों का क्या मतलब है। मैंने अम्मी से कह दिया जीन्ज़ इतने मोटे कपड़े की होती है, इसमें कोई फ़ैशन नहीं है। फिर दो जीन्ज़ में दस दिन आराम से निकल जाते हैं। सबसे बड़ी बात ये पाबन्दियाँ लगानेवाले नदीम भाई आख़िर होते कौन हैं?"

"तुम्हारे रिश्तेदार हैं और तुम्हारी अम्मी इस रिश्ते को निभाती भी है।"

"तो अम्मी पर लगायें न पाबन्दी। पापा ने हमें कभी नहीं रोका। पापा कहते हैं, चाहे जो करो बस पढ़ाई में अव्वल आओ।"

इन लड़कियों के पापा को कभी इतनी फ़ुर्सत न मिली कि उनकी शादी की फ़िक्र करें। उनका बहुत सा वक़्त संसद् के सत्रों से बँधा रहता। बाक़ी वक़्त उन्होंने बेग़म लखनपुर के हवाले कर दिया।

सना और सुबूही और उनकी माँ तहमीना के अपने-अपने तहखाने बनते गये।

पहले मोहर्रम और चेहल्लुम पर ये माँ बेटियाँ खाली वक़्त में मर्सिये और नौहों का रियाज़ किया करती थीं। इन्हीं के इमामबाड़े से जुलूस उठा करता। जुलूस अब भी उठता लेकिन अब वे स्टीरियो पर मर्सिये का कैसेट लगाकर, खुद अन्दरवाले कमरे में इकट्ठी बैठकर पाकिस्तानी धारावाहिक देखती रहतीं।

हाफ़िज़ के आने पर तहमीना फिर पाँच वक़्त की नमाज़ पढ़ने लगतीं हालाँकि जां नमाज़ कहाँ पड़ा है यह ढूँढ़ने में काफ़ी मशक्कत पड़ती।

अगर लड़कियों को यूनिवर्सिटी में देर हो जाती, तहमीना, घर आये शौहर को सफ़ाई देती, ''आजकल दोनों बहनें लाइब्रेरी में बैठकर पढ़ाई करती हैं। आप ही सोचिये, ऐसी मोटी-मोटी किताबें कैसे तो उठाकर लायें?''

हाफ़िज़ भाई के आने की ख़बर अक्सर, पहले ही अख़बारों में छप जाती। तरह-तरह के फ़रियादी घर के चक्कर काटने लगते। फल, मेवा, मिठाई की डालियाँ पहुँचनें लगतीं। लड़कियाँ अपने रंग-बिरंगे कपड़े और जीन्ज़ जैकेट, सब उठाकर रख देतीं और एकदम दकियानूसी सलवार कमीज़ धारण कर लेतीं। तहमीना अपने बाल मेंहदी से रंग लेती। नसीबन और हाज़रा तीनों ड्योढ़ियों का रगड़-रगड़कर पोछा लगातीं। दो दिन की मेहनत में उनका मकान इंस्पेक्शन बँगलो जैसा सँवर जाता।

हम भी अपने कमरे के तख़्त की चादर बदल लेते, बिखरे हुए एल. पी. समेटकर एक जगह चिन देते और स्टीरियो को झाड़-पोंछकर चमका देते।

कभी-कभी हाफ़िज़ भाई राजेश को समझाते, ''अमाँ तुम अदीब हो, पत्रकार हो यह सब तो ठीक है। पर तुम्हें थोड़ा प्रैक्टिकल भी होना चाहिए। अफ़साने लिखने से पेट नहीं भरता, तुम्हें कोई रोज़गार करना चाहिए। कल को घर में बाल-बच्चे होंगे तो ख़र्चे बढ़ेंगे, ज़िम्मेदारियाँ बढ़ेंगी।''

राजेश के अन्दर अपनी आलोचना सुनने की बरदाश्त बिलकुल नहीं थी। वह पलटकर कहता, ''हाफ़िज़ भाई आप पैसे को बहुत बड़ी ताक़त समझते हैं और कामयाबी को दौलत। मैं क़लम की ताक़त को इन सबसे ऊपर मानता हूँ।''

''तुम्हारी उमर में मेरे भी ऐसे ख़यालात थे पर हालात ने मुझे काफ़ी सबक सिखाये। जब मैं सिर्फ़ ख़बरनबीसी करता था, मेरी बच्चियाँ दूध को तरस जाती थीं। मैंने तभी तय कर लिया कि कामयाबी हासिल करके रहूँगा।''

''कामयाबी और तसल्ली के बीच मैंने तसल्ली चुनी है।''

''तसल्ली बड़ी तकलीफ़देह होती है। आप पत्थर की तरह एक ही जगह जमे पड़े रह जाते हैं। बरखुरदार अपनी पिटारी से बाहर निकलकर देखो, दुनिया किस रफ़्तार से बढ़ रही है।'' ऐसे बहसवाले दिन हमें नागवार लगते। हाफ़िज़ अपने आप को बेहद कामयाब इन्सान मानते। उनकी नसीहत पर तहमीना ने यह टोटका अपना रखा था कि जब भी वे घर आते, वह तेल का भरा, चौड़ा कटोरा उनके सामने पेश करती। वे तेल के कटोरे में झाँककर अपना चेहरा निहारते और आँखें बन्दकर एक दुआ बुदबुदाते। उसके बाद कटोरे का तेल किसी फ़क़ीर को दे दिया जाता। अगर कभी हाफ़िज़ भाई को खाँसी भी हो जाती, उनकी बेटियाँ कहतीं, ''हमारे पापा को दूसरों की नज़र झट लग जाती है।''

सना और सुबूही लखनऊ जाकर शीलाज़ ब्यूटी पार्लर में अपने बाल सेट करवातीं। उनकी सलीके से तराशी गयी भवें और रोमरहित रेशमी बाँहे जता देतीं कि वे अपने रख-रखाव पर काफ़ी धन और समय ख़र्च करती हैं। दो-एक बार उनके शैक्षिक प्रमाण-पत्र और अन्य कागज़ात सत्यापित करते समय मैंने देखा था पिता की मासिक आय के कॉलम में वे मात्र 1000 रुपये लिखतीं, विधायक की यही निर्धारित आय होती होगी। इतनी आय में हाफ़िज़ दो घरों और दो बेटियों का ख़र्च कैसे उठा रहे थे जबकि इतने पैसे में एक घर चलाना भी आसान नहीं था। ये और कुछ अन्य सवाल ऐसे थे जो हमेशा हवा में लटके रहते। ये पूछे नहीं जा सकते थे। इनमें लोगों के दिमाग़ी मिर्च मसाले मिल जाने पर तरह-तरह की अफ़वाहें पैदा होतीं। एक अफ़वाह थी कि लखनपुर ख़ास की हवेली टूटने के वक़्त वहाँ का शाही खज़ाना हाफ़िज़ के हाथ लग गया, उसी के जलवे नज़र आते हैं। दूसरी अफ़वाह थी कि हाफ़िज़ की बेगम तहमीना की माँ ने अपने गाने-बजाने की तमाम कमाई अशर्फ़ियों की शक्ल में अपनी दोनों बेटियों को बाँट दी, उसी की बरकत दिखायी दे रही है। रानीमण्डी की ख़ासियत यह थी कि यहाँ हर मकान और परिवार के साथ कोई-न-कोई पुराना क़िस्सा नत्थी था। यहाँ के बाशिन्दे अपने बाप-दादा की शान बान के किस्सों के सहारे अपने मौजूदा बदहाली काट लेते। बहुतों को यहाँ नवाब कहकर पुकारा जाता जबकि इस गली में कोई नवाब परचून की दुकान चलाता तो कोई चाय बिस्कुट की।

अच्छे भले हम यहाँ रह रहे थे कि एक दिन हमें ख़बर मिली कि हमारे मकान का मालिक बदल गया है। हमारे मौजूदा मकान मालिक ने यह मकान मय किरायेदार उनके एक दत्तक पुत्र ओमप्रकाश के नाम कर दिया। उन्होंने अपने बीवी-बच्चों को उलाँक कर यह वसीयत कर डाली क्योंकि उनकी बीमारी में बीवी-बच्चे उनके काम नहीं आये जबकि ओमप्रकाश उन्हें हर पल हाज़िर मिला। वसीयत के चन्द महीनों बाद ही मकान मालिक की मौत हो गयी।

अगले ही हफ़्ते ओमप्रकाश ने हमें मकान खाली करने का नोटिस दे डाला। अच्छा नहीं लगा। हमने तय कर लिया कि हम यहाँ नहीं रहेंगे। कुछ ही दिनों की दौड़-धूप से हमें, शहर की घिचपिच से हटकर एक बेहतर मकान मिल गया। यह घर बड़ा और हवादार था। सामने पब्लिक पार्क था और पीछे गंगा का कछार। बाज़ार कुछ फ़ासले पर था पर फेरीवाले और ठेलेवाले भी दिन भर गुज़रते। कुछ एक आदतें हमारी ऐसी थीं जो हमें पुराने घर की याद दिला देतीं। नये बाज़ार में मिलनेवाले मसाले हमारे मुँह नहीं लग रहे थे। कभी हमें अपने पुराने बाज़ार का गरम मसाला और पिसा जीरा याद आ जाता, कभी वहाँ के पापड़ और बड़ी की हुड़क उठती। हम तय करते एक दिन चौक जाकर यह सब लाया जाय।

ऐसे ही एक दिन जब हम चौक में ख़रीदारी कर रहे थे हमारा मन हुआ हाफ़िज़ भाई के यहाँ चला जाय। अपना पुराना घर देखने की भी ललक थी। राजेश बोले, ''आजकल संसद् का सत्र नहीं है, हो सकता है हाफ़िज़ भाई आये हुए हों।''

मेरी मुखमुद्रा को ताड़कर उन्होंने जोड़ा, ''नहीं हुए तो बस दुआ सलाम करके खिसक लेंगे।''

हम बड़े चाव में अपने मुहल्ले की तरफ़ मुड़े। नुक्कड़ के पानवाले लखन के यहाँ ही हमें नवाब दिख गये। वे पान की गिलौरियाँ अपनी डिब्बी में सजा रहे थे।

''आज कैसे रास्ता भूल पड़े'' उन्होंने कहा।

''कई बार सोचा, आना ही नहीं होता। सब ख़ैरियत तो है न।''

''मत पूछिये, आपका मकान तो बिजलीघरवाले कबाड़ी ने ख़रीद लिया। आजकल उसे पूरा गिरवाकर मार्केट बनवा रहा है।''

हमारा जी धक् से रह गया। पता नहीं क्यों हम सोच रहे थे वह वैसा का वैसा हमें मिलेगा, बस उसके छज्जे पर किसी और के कपड़े सूखते होंगे।

इसका मतलब यह हुआ कि हमारे खाली करते ही हमारे मकानमालिक के दत्तक पुत्र ने इसे हाथों हाथ बेच डाला।

मन उखड़ गया। सोचा वापस चले जायें लेकिन नवाब हमें इसरार के साथ गली में ले आये, ''हाफ़िज़ भाई भी आये हुए हैं आजकल, उनसे तो मिलते जाइये।''

जहाँ हमारा घर था वहाँ मशीनों से बहुत गहरा गड्ढा बनाया हुआ था। गली में चारों तरफ़ मलबा और गन्दगी दिख रही थी। हाफ़िज़ भाई की ड्योढ़ी पर एक सुरक्षा कर्मी कारबाइन लिये तैनात था। हम अन्दर घुसने ही लगे थे कि उसने टोका। साथ का सामान अपने पास के रैक में रखवाया तब आगे बढ़ने का इशारा किया। अगली ड्योढ़ी में वही शैडो खड़ा मिला। उसने हमें पहचानकर नमस्ते की और कमरे के द्वार तक ले आया।

हाफ़िज़, तीन-चार आगन्तुकों से घिरे हुए थे। दिन के वक़्त भी कमरे में तीन ट्यूबलाइट जल रही थीं। इतने रौशन कमरे में हाफ़िज़ भाई बुझे हुए लग रहे थे। 'आइये भाभी, आइये राजेश भाई' कहकर उन्होंने इस्तकबाल तो किया लेकिन उनके चेहरे पर कोई चमक नहीं आयी। आगन्तुकों से वे गर्दन की हरकत से बतियाते रहे। उनके चले जाने तक हमारा भी इरादा उठने का हो गया। मैंने कहा, ''मैं ज़रा अन्दर जाकर बहन जी और बच्चों से मिल लूँ।''

हाफ़िज़ ने जल्दबाज़ी में कहा, ''लड़कियाँ तो मुम्बई चली गयी हैं पढ़ाई करने और बेगम सईदा आपा के यहाँ गयी हैं।''

''अरे सना सुबूही दोनों चली गयीं। कौन-सा कोर्स पढ़ रही हैं वहाँ?''

''हमें कहाँ याद रहता है। इतने मसले याद रखने पड़ते हैं। आप बताइये, कैसे आना हुआ?'' हाफ़िज़ भाई ने थोड़ी अधीरता दिखायी।

''कुछ नहीं बस यहाँ से गुज़र रहे थे तो आपका ख़याल आ गया।''

''बताइये साब, दो साल में आपको एक बार हमारा ध्यान नहीं आया और आज आप चले आ रहे हैं कि हमारा ख़याल आ गया?''

अब तक राजेश भी थोड़े खिंच गये, ''मैं भी हैरान हूँ कि मुझे कैसे ख़याल आया।''

हाफ़िज़ भाई ने अपनी कुर्सी से उठने की कोशिश की। वे उठ नहीं पाये। उन्होंने आवाज़ लगायी 'शैडो'। शैडो ने अन्दर आकर उन्हें खड़ा किया। उन्होंने शैडो से पूछा, ''और कोई फ़रियादी है बाहर?''

''जी नहीं।''

शैडो की मौजूदगी में ही हाफ़िज़ ने हमसे कहा, ''कहिये आपकी क्या ख़िदमत करें। आपको अपना तबादला या तरक़्क़ी करवानी है तो काग़ज़ दे जाइये। बच्चे का दाख़िला हो तो अगली बार मिलना मुनासिब होगा। और भी दो एक केसेज़ हैं।''

राजेश का मूड पूरी तरह उखड़ चला।

''हमें अफ़सोस है हम अपने पुराने दोस्त से मिलने चले आये। आप तो कोटा, परमिट, तबादला, तरक़्क़ी की दलदल में फँस गये हैं।''

''मियाँ देखना पड़ता है, हर तरफ़ देखना पड़ता है,'' हाफ़िज़ शैडो की तरफ़ मुख़ातिब हुए, ''हम आराम करने जा रहे हैं, कोई आये तो कहना हम घर पर नहीं हैं।''

खिन्न मन से हम बाहर आये। 'बड़े बेआबरू होकर तेरे कूचे से हम निकले' जैसे शेर की चोट समझ आ गयी। पुराने घर के खुदे हुए गड्ढे की तरफ़ ज़रा भी न देखकर हम गन्दगी से बचते-बचाते चलने लगे।

धर्मशाला के सामनेवाले घर से नवाब साब की आवाज़ आयी, ''हमारे ग़रीबख़ाने को भी रौशन करें भाईजान!''

हम ठिठक गये। नवाब बड़े इसरार से हमें अन्दर ले आये। शरारा कुर्ती के ऊपर शोख़ सुर्ख़ दुपट्टा ओढ़े उनकी बेग़म, बारां ने हमें आदाब किया और चाय बनाने चली गयी। नवाब साहब ने हमारी नस पर उँगली रख दी, ''एम.पी. साहब से मुलाक़ात हो गयी।''

राजेश के मुँह से निकला, ''एम.पी. होकर क्या इन्सान, इन्सान नहीं रहता? वे तो पहचान में ही नहीं आते।''

''उनके ऊपर ज़लज़ला ही कुछ ऐसा आया। आपको पता है राजेश भाई, उनकी दोनों बेटियाँ घर छोड़कर चली गयीं।''

अब चौंकने की बारी हमारी थी, ''अरे, कब, कैसे, कहाँ?''

''सुबूही का तो किसी से अफेयर था'', मेरा इतना बोलना था कि राजेश ने मुझे घुड़का, ''तुम्हें बीच में ज़रूर बोलना है। नवाब साब बड़ी हैरानी की बात है, इतने पहरे के बीच से लड़कियाँ चली गयीं। हाफ़िज़ भाई कह रहे थे वे पढ़ाई करने मुम्बई गयी हैं।''

''और क्या कहें। उनकी इज़्ज़त का तकाज़ा है चुप रहें। उन्होंने पुलिस में रिपोर्ट तक नहीं लिखवायी।''

तभी बारां चाय की ट्रे लेकर आ गयी। साथ में मेवे, मिठाई और नमकीन था।

बारां ने कहा, ''सना तो संजीदा लगती थी, सुबूही के रंग-ढंग अजीब थे। मैंने तो एक बार तहमीना आपा से कहा भी था पर वे उलटे मुझ पर ही बिगड़ने लगीं।''

''हमारे यहाँ भी उसके फ़ोन आया करते थे,'' मैंने कहा। ''फ़ोन आने से कोई भाग नहीं जाता,'' राजेश ने टोका।

''उसकी अलग दास्तान होगी।''

नवाब साब ने कहा, ''देखिये भाईजान जब बाप घर से दूर रहे और माँ बावर्चीख़ाने में, तो बच्चों के भटकने में देर नहीं लगती। कई बार हमारे घर भी ये लड़कियाँ आतीं। बेग़म से कहतीं, ''आप कितनी खुशक़िस्मत हैं बिना पर्दे आती-जाती हैं। हमारे ऊपर तो बन्दिशें-ही-बन्दिशें हैं।''

''लेकिन बन्दिशें उन्होंने मानी कहाँ। सना का तो पता नहीं पर सुबूही'' जैसे ही मैंने इतना कहा राजेश फिर बमक गये, ''तुम बीच में फ़तवे क्यों दे रही हो, क्या जानती हो तुम उनके बारे में?''

बारां ने कहा, ''आपा तो अपना ख़याल बता रही हैं। हम सब हैरान हुए। मुश्किल यह है कि हाफ़िज़ भाई इस हादसे की पूरी ज़िम्मेदारी आण्टी पर डाल रहे हैं।''

''एक तरह से बनती तो है। आख़िर बेटियाँ उन्हीं के पास रहती थीं।''

''आण्टी की तबीयत तो बड़ी ख़राब रहती थी। वे बेचारी रात को नींद की गोली लेकर सो जातीं। उन्हें क्या पता बेटियाँ क्या कर रही हैं?''

''क्या हो गया उन्हें?''

''ऐंग्ज़ायटी न्यूरोसिस'', बारां ने बताया, ''उन्हे हर वक़्त दो फ़िक्रें खाये जातीं। पहली यह कि उनके शौहर दूसरी शादी न कर लें, दूसरी यह कि इन लड़कियों की शादी कैसे होगी।''

''इतनी ख़ूबसूरत और ज़हीन लड़कियों की शादी में क्या दिक़्क़त थी?''

''आप नहीं जानते, हमारे सैय्यदों में पढ़े-लिखे, नयी रौशनीवाले लड़के ढूँढ़ना आसान नहीं, ऊपर से हाफ़िज़ भाई की मसरूफ़ियत। बस भाभी साहिबा को हर वक़्त तनाव रहता।''

''मुम्बई कोई इतनी दूर भी नहीं, वहाँ जाकर पता किया था।''

''सब किया राजेश भाई पर कोई सुराग़ नहीं मिला। फिर मुम्बई तो लड़कियों के मामले में मगरमच्छ है।''

बारां ने धीरे से कहा, ''यह भी पक्का नहीं पता कि सना और सुबूही मुम्बई गयीं या कहीं और?''

बड़े भारी मन से हम वहाँ से वापस आये। मेरे मन में रह-रहकर यही सवाल टक्कर मारता रहा, हाफ़िज़ भाई अपने को क्या समझते होंगे, कामयाब या ग़ैर-कामयाब इन्सान!

●

मुहब्बत का मौसम

एक साथ तीन छुट्टियों का जुगाड़ बैठा तो तबीयत मस्त हो आयी।

"कहो घूमने चला जाय।" आदिल ने कहा।

"चलो नैनीताल चलते हैं, पास भी है और परिचित भी।"

"तुम पहले जा चुकी हो?"

"एक बार। पर तुम्हारे साथ तो यह पहली बार होगा।"

"तुमने 'नदी के द्वीप' पढ़ा है?"

"बिलकुल पढ़ा है। चलो चलकर ढूँढ़ेंगे, तुलियन झील कहाँ पर है?"

शाम की गाड़ी से हम काठगोदाम के लिए निकल पड़े। काठगोदाम पहुँचे रात दस बजे। वहाँ एकदम सोता पड़ा हुआ था। स्टेशन भी ऊँघ रहा था और कुली भी। किसी तरह एक को जगाकर मिन्नत की कि हमारा सामान डाक बँगले पर ले चले। डाक बँगला चढ़ाई पर था, ऊपर पहुँचकर सर्दी की जगह गर्मी महसूस होने लगी।

डाक बँगले हमेशा मुझे छठे दशक की याद दिलाते हैं जिनमें नायिका तपेदिक से ग्रस्त, सेनेटोरियम में मरती रहती और नायक उसे देखने के लिए आकर डाक बँगले में ठहरता। कॉलेज की पढ़ाई के दिनों में ऐसी कहानियाँ हमारी कल्पना को पंख लगा देतीं। हम लड़कियाँ मन-ही-मन मनाते कि हमें भी ऐसी कोई बीमारी हो जाय तो जीवन में नायक मिले।

मैं कहती, "मैंने इतनी इमली खायी पर मुझे कभी खाँसी तक नहीं हुई। यानी मैं तो कभी नायिका बनूंगी ही नहीं।"

दीप्ति कहती, "लगता है उस ज़माने में कैन्सर और एड्स किसी को नहीं होता था, जिसे देखो तपेदिक ही होता था।"

पिछली बातें याद कर हँसी आने लगी। कैसी अजीब बात है कि बीमार भी नहीं हुई और नायक भी मिल गया और अब डाक बँगले में मेरे पहलू में बैठा है।

यहाँ कमरा गरम था, बिस्तर नरम और खाना स्वादिष्ट। चैन की नींद लेकर सुबह नैनीताल के लिए निकल पड़े। रास्ते में ठण्डी हवा के झोंकों ने तन-मन में तरावट और ताज़गी भर दी। एक मोड़ पर ठहरकर चाय की गुमटी से चाय पी और पकौड़े खाये।

आदिल ने कहा, ''तुम्हें यह सब-कुछ रिपीट एक्सपीरियन्स लग रहा होगा फ़रीदा।''

''मुझे लग रहा है यह पहली बार जा रही हूँ मैं नैनीताल। जो सन् 2007 में गया था वह कोई और था, मैं नहीं।''

''किसके साथ गयी थीं तुम।''

''कॉलेज की लड़कियों और साथी प्राध्यापिकाओं के साथ। तब लड़कियों की इतनी ज़िम्मेदारी थी सिर पर, कहीं ये भटक न जायँ, चोट न लग जाय इन्हें। हमारी सीनियर डॉ. उपमा जोशी तो लड़कियों को इधर-से-उधर नहीं होने देती थीं। लड़कियाँ सुबह सैर पर जाना चाहतीं तो उपमा जी कहतीं सुबह यहाँ शेर भी सैर पर निकलता है।''

अभी हमारी बातें ख़त्म भी नहीं हुई थीं कि लो आ पहुँचे नैनीताल—रंग-बिरंगी तस्वीर की तरह ख़ूबसूरत। हर तरफ़ ताल-ही-ताल नज़र आये। यहाँ तक कि सूखा ताल में भी पानी भरा था, लबालब। उसमें छोटी-छोटी डोंगियाँ तैर रहीं थीं, हरी, गुलाबी, पीली, लाल। कुछ डोंगियाँ हंस की शक्ल में थीं, जिससे मुसाफ़िर को लगे वह मानसरोवर के हंस की सवारी कर रहा है। झील से सटकर सड़क भी साथ-साथ चल रही थी।

मन हो रहा था टैक्सी से उतरकर डोंगी में बैठ जायें। लेकिन सामान का क्या करते। मैं एक ही टूरिस्ट होटल का नाम जानती थी जहाँ पहले कॉलेज समूह के साथ आकर ठहरी थी। अफ़सोस हुआ इण्टरनेट से जानकारी क्यों नहीं ली।

टैक्सीवाले से पूछा, ''ऐवरेस्ट व्यू कैसी जगह है?''

''एकदम फर्स्ट क्लास जी, बस पहुँच गये हैं वहाँ।''

पिछले चार बरसों में होटल में काफ़ी रद्दोबदल हो गयी लगती थी क्योंकि एकबारगी उसे पहचानना मुश्किल लगा।

स्वागत-कक्ष में शीशे की दीवारें लगी थीं जो पहले नहीं थीं। होटल परिसर में हरियाली इस क़दर छायी थी कि यहाँ बरामदे भी बग़ीचे लग रहे थे। अतिथि रजिस्टर में अपना नाम दर्ज़ करते हुए आदिल ने ऊपर के दो-चार नामों पर नज़र डाली तो चौंक गया। मुझे दिखाया, ''इसमें लिखा है डॉ. उपमा जोशी।''

''वे ही होंगी उन्हें पहाड़ पर आना बहुत पसन्द है।''

''लेकिन उनका पता इसमें अल्मोड़ा का है। कोई और भी हो सकती है।''

''पता करना पड़ेगा। चलो अच्छा हुआ उनसे पूछ लेंगे, भीमताल, नौकुछिया ताल वगैरह कैसे देखें।''

स्वागत-कक्ष के कर्मचारी ने कहा, ''मैडम, हमारे यहाँ हर जगह के लिए टैक्सी उपलब्ध है।''

मैंने मिस जोशी का कमरा नम्बर देख लिया, 110। जब हमें 117 नं. कमरा मिला तो मैं समझ गयी कि हम एक-दूसरे से ज़्यादा दूर नहीं होंगे।

कमरे में पहुँचकर आदिल ने कहा, ''देखो डियर तुम्हारी कलीग यहाँ विराजमान हैं इसका मतलब यह नहीं कि तुम हमारी छुट्टी बरबाद कर दो।''

मैं हँस दी। आदिल की यही बेसब्री मुझे पागल बनाती है। उसका बस चले तो मैं कॉलेज भी न जाऊँ। कभी-कभी मैं कहती भी हूँ ''तुम्हारा बस चले तो काम पर न तुम जाओ न मैं। जनाब घर कैसे चलेगा ऐसे?''

''फ़रीदा टीचर जी, हमसे घर है, घर से हम नहीं, समझीं आप?''

किसी भी नसीहत से चिढ़ता है आदिल। फ्री लान्सर आदमी, हफ़्ते में दो दिन काम करता है, बाक़ी सब को इतवार कहता है।

नाश्ते के बाद मैंने कहा, ''चलो घूमकर आते हैं।''

आदिल ने कहा, ''मैं तो सोऊँगा।''

''इतना अच्छा मौसम सोकर गँवाने के लिए नहीं है। चलो उठो।''

''मौसम और नींद का रिश्ता तुम्हें समझाऊँ'' कहते हुए आदिल ने मुझे बिस्तर पर खींच लिया।

जब हमारी आँख खुली अँधेरा घिर आया और बारिश शुरू हो चुकी थी।

सुबह से हम कमरे में बन्द थे। मैंने कहा ''मैं घूमने जा रही हूँ।''

''इस बरसते पानी में कहाँ जाओगी?''

''बरामदे में। अपनी सीनियर का पता भी लेना है।''

''बहुत देर मत लगाना। बस हाय हलो करके मामला ख़त्म करना।''

सुनकर बुरा लगा। अपने आने-जाने पर बन्दिश मुझे बर्दाश्त नहीं। मैंने तकिये के नीचे दबा अपना दुपट्टा खींचकर निकाला और बाहर चल दी।

ऐवरेस्ट व्यू के गलियारे बड़े ख़ुशनुमा लग रहे थे। हर खम्भे से लटकी रोशनी पौधों को इतना चमकीला बना रही थी कि वे प्लास्टिक के लग रहे थे।

रिसेप्शन लाउञ्ज में उपमा जी बैठी टी.वी. देख रही थीं। मुझे देखकर खुलकर मुस्कुरायीं। इस तरह से वे कॉलेज में कभी नहीं खुलतीं।

मैं बैठने ही वाली थी कि वे उठ खड़ी हुईं। ''चलो कमरे में बैठकर चाय पीयेंगे।'' उन्होंने कहा।

हम 110 में आ गये। सब कमरे एक-से थे। फिर भी कुछ नया लग रहा था। मैंने पाया इस कमरे में बिस्तर की जगह अलग थी। एक बिस्तर खिड़की की तरफ़ था।

''यहाँ से हवा आती होगी!'' मैंने खुली खिड़की की तरफ़ इशारा किया।

''हाँ, लेकिन पहाड़ और रोशनी भी।'' उपमा जी हँसीं।

"आपको अकेले आना अखरता नहीं?" मेरे मुँह से अचानक निकल गया। कहते ही अफ़सोस हुआ कि यह क्या कह डाला।

"जब शादी नहीं की तो कौन साथ आयेगा?"

"मेरा मतलब कोई दोस्त या सहेली।"

"नहीं फ़रीदा मैं अपने और पहाड़ के बीच और किसी को बर्दाश्त नहीं कर सकती।"

तभी हथेली से दबा मोबाइल चमका। यह आदिल होगा, मैंने मन-ही-मन कहा।

"तुम अभी छोटी हो, जवान हो। धीरे-धीरे पता चलेगा कि जब हम अपनी चालीसवीं वर्षगाँठ मनाते हैं, दोस्तों की गिनती चार भी नहीं बचती।" उपमा जी ने जैसे अपनी जनमपत्री मेरे सामने खोली।

मेरी हथेली में मोबाइल फिर कसमसाया। देखा आदिल का एस.एम.एस. था "बेक़ाबू, बेक़रार, चली आओ।"

मैं उठने लगी। उपमा जी ने मुझे रोका, "चाय तो ख़त्म करती जाओ।"

मैं बैठ गयी। वैसे मुझे उनका साथ अच्छा भी लग रहा था। ऐसा लग रहा था उपमा जी आज खुलने के मूड में हैं। मैंने कुछ और ताले तोड़ने की कोशिश की, "गुस्ताख़ी माफ़ करें तो एक सवाल करूँ, आपने शादी क्यों नहीं की?"

उपमा जी अपना प्याला लेकर उठीं और उसे बग़लवाली छोटी मेज़ पर रख दिया। फिर वे खिड़की से बाहर का अँधेरा देखने लगीं।

मेरी समझ में नहीं आ रहा था, मैं कमरे में ठहरूँ या चली जाऊँ। वे मेरी तरफ़ मुड़ीं, "हाँ तुमने कहा मैंने शादी क्यों नहीं की?" इस मामूली मध्यवर्गीय सवाल का मामूली मध्यवर्गीय जवाब तो यही है कि वक़्त ही नहीं मिला अपने बारे में फ़ैसला लेने का। मुझसे छोटी तीन बहनें और एक भाई की पढ़ाई करवाते, परीक्षाएँ दिलवाते मेरे सारे मौसम बीत गये।"

"इतनी सुन्दर हैं आप, पैग़ाम तो बहुत आये होंगे?"

उपमा जी की आँखों में थोड़ी चमक बढ़ी, "सच तो यह है कि उस समय मुझे कोई अपने क़ाबिल नहीं लगता था।"

तिलू, निरू और अनू मुझे अलग चढ़ा देतीं, "दीदी यह तो तुम्हारी सैण्डिलें उठाकर चलने लायक़ भी नहीं है। तुम्हारे लिये दूर देश से कोई राजकुमार आयेगा।"

मेरे मोबाइल का बटन चमका। मैंने बेसब्री से कहा, "मेरे शौहर बार-बार बुला रहे हैं उपमा जी, मैं चली।"

उपमा जी के चेहरे का रंग फीका पड़ गया। उन्होंने अपनी पीठ के पीछे हाथ ले जाकर आँखें बन्द कीं। एक छोटी-सी आह उनके मुँह से निकल गयी।

"क्या बात है, आप ठीक तो हैं न!"

"फ़रीदा वह मेज़ पर तेल की शीशी पड़ी है। ज़रा मेरी पीठ पर थोड़ा सा तेल लगा दो, बड़ी जलन हो रही है।"

मैंने अपने को फँसा हुआ महसूस किया। अब तक आदिल का पारा बहुत चढ़ चुका होगा। उससे मैंने कहा था, मैं बस गयी और आयी।

उपमा जी ने सफ़ेद लिबास पर स्वेटर भी सफ़ेद ही पहन रखा था। कॉलेज में भी वे अपने सफ़ेद कपड़ों में अलग पहचान में आतीं। ऊपर से उनकी आँखों पर सुनहरे फ्रेम का चश्मा उनके व्यक्तित्व को कुछ और रहस्यमय बना देता। विभाग में हम तीन नयी सदस्य थीं—मैं, लक्ष्मी मैनन और कामना कपूर। चाय के वक़्त हमारी चर्चा में कभी-कभी यह सवाल उठ जाता, "मिस जोशी कौन से साबुन से कपड़े धुलवाती हैं?"

"मिस जोशी कितने साल की हैं?"

"मिस जोशी का पक्का दोस्त कौन है?"

ज़ाहिर है हम तीनों सवालों के जवाब देने में ग़ैर-कामयाब होते और मिस उपमा जोशी का रहस्य गाढ़ा होता जाता। मुझे लगा इसमें से एक आध सवाल का जवाब तो आज मिल ही सकता है।

मैंने उनकी प्रशंसा करने के लिहाज़ से कहा, "उपमा जी आप रंगीन कपड़ों में और भी ख़ूबसूरत लगें। ठण्डी जगह में सफ़ेद कपड़ों में और ज़्यादा ठण्ड लगती होगी।"

"नहीं, मुझे सफ़ेद रंग पसन्द है। कई बार तो लोग मुझे ब्रह्मकुमारी समझ लेते हैं।"

"आप अपने ऊपर कुछ ज़्यादा ही सख़्ती करती हैं।"

"लगता है तुम अपने साथ नरमी बरतती हो", उपमा जी हँसीं।

"लाइये तेल लगा दूँ," मैंने बातचीत को अर्द्धविराम दिया।

उपमा जी ने अपनी पीठ मेरी तरफ़ करके अपना स्वेटर ऊँचा किया।

ओफ़ ऐसा लगा जैसे किसी ने सफ़ेद चट्टान पर दुनिया भर का नक़्शा मेरे सामने उघाड़ दिया हो। उपमा जी की गोरी चिट्टी पीठ पर सीधे, आड़े, तिरछे खरोंचों के लाल नीले निशान पड़े थे। मैंने अपना बढ़ा हुआ हाथ पीछे खींच लिया।

उपमा जी बोलीं, "फ़रीदा, कुछ ग़लत मत समझना।"

मैंने कहा, "माफ़ कीजिये, पहले इसका इलाज करवाइये नहीं तो ये घाव बन जायेंगे।"

उपमा जी हँसीं, ''मेरी पीठ में खुजली बहुत चलती है। अब पीठ पीछे हाथ तो पहुँचता नहीं। जो चीज़ हाथ आ जाय मैं उसी से पीठ खुजा लेती हूँ। पेन्सिल, फुटरूलर, कंघा, इन्हीं के निशान हैं ये। कभी बहनें देखती हैं तो क्रीम या तेल लगा देती हैं।''

मैंने डरते-डरते, खरोंचे बचाते हुए उनकी पीठ पर तेल लगाया, शीशी जगह पर रखी और वापस चल दी।

आदिल कमरे में समस्त बल्ब बुझाकर लेटा हुआ था। उसका मुँह फूला हुआ था। मैं अचक से बिस्तर पर लेटने लगी।

आदिल ने मेरी तरफ़ करवट ली, ''फ़रीदा, तुम्हारे लिये कैरियर इतना अहम् है यह मुझे आज पता चला।''

मैंने उसका कन्धा छूना चाहा। उसने मेरा हाथ झटक दिया।

''पागल हो। वे मेरी सीनियर सहकर्मी हैं, अकेली हैं, उदास हैं, ऐसे में मेरा फर्ज़ भी बनता है।''

''ठीक है उन्हीं की ख़िदमत करो तुम।''

नाराज़ आशिक़ जैसे फैला हुआ दूध। उसे समेटने में बड़ा वक़्त लग गया। जब मैंने उपमा जी की घायल पीठ के बारे में उसे बताया, वह सन्न रह गया। उसने कहा, ''तुम्हारा मतलब है इतने लम्बे-चौड़े जहान में कोई ऐसा नहीं है जो उनकी पीठ पर मुहब्बत का हाथ फेर सके।''

''कौन हो सकता है जब उनका कहना है उन्होंने किसी से मुहब्बत की ही नहीं।''

''यह मानना मुश्किल है। कड़ी-से-कड़ी बर्फ़ भी कभी तो पिघलती है। तुम क्या कम कड़ी बर्फ़ थीं।''

''हटो झूठे।''

''सच एकदम बर्फ़ की सिल्ली थीं। मैंने भी सोच लिया, कोई तो ऐसा कोना होगा जहाँ से यह सिल्ली टूटेगी।''

याद आने लगे वे सुहाने दिन जब दिल्ली की सड़कें हमारी सैरगाह बनीं। हम मीलों मील पैदल चलते; एकान्त ढूँढ़ने के चक्कर में पार्कों और मक़बरों में मँडराते और आख़िर किसी सिनेमाघर की पिछली सीट में पनाह पाते। आदिल हर रोज़ इसरार करता कि मैं रात भर को ठहर जाऊँ। मैं हर रोज़ उसका दिल तोड़ती। यह सिलसिला तो तब ख़त्म हुआ जब हम दोनों के माँ-बाप ने तंग आकर हमारी शादी के लिए हामी भर दी।

अगली सुबह आसमान साफ़ था। नाश्ते के बाद हम चल दिये नौकुछिया ताल की तलाश में। रास्ते में बहुत बड़ा एक और ताल पड़ा। टैक्सी ड्राइवर ने बताया, ''यह

भीमताल है, यह नैनीताल से भी बड़ा ताल है। वह थोड़ी दूर पर सात छोटे-छोटे ताल हैं, इन्हें सात ताल कहते हैं।'' भीमताल और सात ताल के बीच पहाड़ी बाज़ार था जहाँ रंग-बिरंगे नामपट्टवाले ढाबे थे। हर ढाबे पर लिखा था, ''यहाँ कढ़ी चावल खीर और डबका मिलता है।'' मैं जानना चाहती थी डबका क्या होता है पर आदिल वहाँ रुकना नहीं चाहता था। बाहर सड़क पर भुट्टे बिक रहे थे। गज़ब के मीठे, दूधिया भुट्टे जो सिंकने पर भी कचिया लगें।

तभी बिना किसी भूमिका के बूँदा-बाँदी शुरू हो गयी। बदन पर फुहारों की छुअन अच्छी लगी। टैक्सी में ज़रा और दूर गये होंगे कि एक किनारे ड्राइवर ने गाड़ी रोकी और दिखाया, ''वह देखिये नौकुछिया ताल। बड़ा गहरा ताल है यह, कहते हैं यहाँ हाथी-डुबान पानी है।''

हमारी कल्पना को पंख लग गये हैं। हम सोच रहे हैं जाने कहाँ भटके घूमे होंगे भुवन और रेखा? ताल के पास या सड़क पर। कानों में ड्राइवर की वार्त्ता सुनायी पड़ रही हैं, ''यह नौ कोनोंवाली झील है साब। कहते हैं कोई इसके नौ के नौ कोने एक साथ देख ले तो उसे मोक्ष मिल जाय। फिर मानसरोवर जाने की कोई ज़रूरत नहीं।''

हमें क्या मतलब इस बक बक से। हम तो ऊबड़ खाबड़ रास्ते पर चल पड़ते हैं। चारों तरफ़ नाम अनाम पौधे और झुरमुट हैं। नौकुछिया ताल का हरा नीला पानी झलक मार रहा है।

बैकग्राउण्ड में ड्राइवर की आवाज़ सुनायी पड़ रही है, ''ताल यहाँ से बहुत दूर है।''

जहाँ पेड़ कम हैं वहाँ रास्ता सुगम है। काफ़ी भटकते हैं, इतना कि मेरे पाँव दुखने लगे।

''वापस चलो आदिल'' मैंने कहा।

आदिल ने इशारा किया, ''वह देखो थके राही, इस मंज़िल का नाम है नौकुछिया ताल।''

मैं एक जगह साफ़-सा पत्थर देखकर वहाँ टिक गयी। आदिल बोला, ''इत्ती-सी ताक़त पर निकली थीं घूमने, रेखा और भुवन का लोकेशन ढूँढ़ने?''

''कुछ भी कहो, मैं और चलने से रही।''

''बेग़म आप मेरी पीठ पर बैठिये, आपको टैक्सी तक तो पहुँचा दूँ।''

मैं हँस दी, ''थके-से-थके राही में लौटने की ताक़त बची होती है सरकार।''

वापसी में गाड़ी फुर्र से होटल पहुँच गयी। अपने कमरे में पहुँचकर तुरन्त चाय की केतली ऑन की।

''भुवन और रेखा की लोकेशन नहीं ढूँढ़ पाये इससे क्या, हम नौकुछिया ताल तक तो पहुँच गये।'' मैंने कहा।

"लोकेशन ढूँढ़ने का ख़याल ही ग़लत है। दरअसल पूरा नैनीताल ही भुवन और रेखा के नाम है। देखे नहीं यहाँ कितने जोड़े आये हुए हैं।" आदिल ने याद दिलाया।

सच में हम इकलौते नहीं थे। नैनीताल की हर सड़क पर रेखा और भुवन छाये हुए थे। तभी मुझे ध्यान आया उपमा जी पर क्या बीतती होगी जब वे इतने प्रेमियों को देखती होंगी। उनका एकाकीपन कई गुना बढ़ जाता होगा।

मैं बाहर निकली कि एक बार 110 में झाँक लूँ। कमरा बन्द था। घण्टी बजाने पर भी दरवाज़ा नहीं खुला।

मैंने स्वागत पटल पर जाकर पूछा, "110 की मेहमान कहाँ हैं अन्दर या बाहर?"

"वे तो कल ही चेक आउट कर गयीं मैडम।" सूचना मिली। मैं हतप्रभ-सी कमरे में लौटी, "आदिल उपमा जी तो चली भी गयीं, हमें पता ही नहीं चला।"

आदिल ने कहा, "यह उनके लिए अच्छा ही हुआ। वे पहाड़ की होंगी पर पहाड़ उनके लिए नहीं।"

●

खुशियों का लौटना

काग़ज़ के कैलेण्डर नये-पुराने होते रहते हैं, स्मृतियों के कैलेण्डर में समय हरदम हरा रहता है।

कार में बैठते ही डैशबोर्ड पर रखे उस छोटे-से नीले गुलाबी जूते पर नज़र पड़ी। आठ साल पहले सुनी, पढ़ी ख़बर दिल-दिमाग़ में फड़फड़ा उठी। उसने मुकुल से पूछा, ''कुछ पता चला?''

''नहीं।''

''कितनी बड़ी होती अब?''

''ग्यारह'' मुकुल के चेहरे पर उम्मीद की चमक छा गयी, ''वैसे हरिद्वारवाले बाबा का कहना है बिबिया है और सकुशल है। बस थोड़ी ओट में हो गयी है।''

''यह बाबा बताता क्यों नहीं कहाँ पर है?''

बाबा कहते हैं ''बिबिया उसकी चेतना में आती है, चक्षुओं में नहीं आती, जिस दिन आ जायेगी बस यों हँसती-खेलती सामने आ जायेगी।''

''एकदम फ्रॉड है यह बाबा, उसे पुलिस में दे देना चाहिए।''

मुकुल चोट खा गया, ''ऐसा मत कहिये। एक ये ही बाबा है जो पॉज़िटिव बोलते हैं।''

सूरजकुण्ड तक का लम्बा रास्ता चुपचाप बीता। प्रेरणा को बार-बार अख़बार के तीसरे पन्ने पर छपी ख़बर दिखायी दे रही थी। ''हरिद्वार से बदरीनाथ जा रही चार्टर्ड बस, चमोली के आगे एक घुमावदार मोड़ पर असन्तुलित होकर अलकनन्दा की उफनती धारा में जा गिरी। किसी भी यात्री के जीवित बचने की सम्भावना कम। बस में कुल पचपन यात्री सवार थे।''

इसी चार्टर्ड बस में भाभी, बिबिया और शम्भू थे।

मुकुल की उम्मीद का आधार कुल इतना था कि नदी के तूफ़ानी बहाव में बाक़ी यात्रियों के शव तो बरामद हुए, बिबिया का नहीं मिला। ढूँढ़नेवालों ने कहा, ''अरे तीन साल की बच्ची का क्या तो वज़न, क्या शरीर। उसे तो खिलौने की तरह, लहरों ने उठाकर सैकड़ों मील आगे पटक दिया होगा।''

शव तो भाभी और शम्भू का भी नहीं मिला था। तीसरे दिन गोताख़ोरों और रिवर पुलिस की कोशिशों से बस का क्षत-विक्षत ढाँचा नदी से निकाला गया। भाभी की निष्प्राण देह दो सीटों के बीच की जगह में फँसी पड़ी थी। एक-दो शव और बस में मिले पर उनमें बिबिया और शम्भू नहीं थे।

''सामान के नाम पर ये दो चीज़ें मिली थीं वहाँ एक तो मम्मी का चश्मा, दूसरा यह बिबिया का जूता।'' मुकुल ने बताया।

प्रेरणा के न चाहते हुए भी उसके मुँह से निकल पड़ा, ''तुम इतने पढ़े-लिखे समझदार हो मुकुल, तुमने भाभी को इस बेवकूफ़ी भरे ऐडवेन्चर से क्यों नहीं रोका।'

''आण्टी यह ऐडवेन्चर नहीं तीर्थ यात्रा थी। मम्मी ने जाने कहाँ-कहाँ जाकर मन्नत माँगी थी। हिन्दुस्तान का कोई कोना नहीं छोड़ा जहाँ उन्होंने माथा टेककर, झोली फैलाकर सितू और मेरे लिये औलाद न माँगी हो। जब नौ साल बाद बिबिया हुई मम्मी ख़ुशी से बिलकुल बौरा गयीं। तभी से उन्हें फ़िक्र पड़ गयी कि जहाँ-जहाँ मानता माँगी, वहाँ मानता उतारने भी जाना होगा। दिल्ली और आस-पास के मन्दिर दरगाह के उन्होंने पहले साल ही बिबिया को दर्शन करवा दिये। बिड़ला मन्दिर, हज़रत निजामुद्दीन औलिया, शनिदेव, कालीबाड़ी, मथुरा का द्वारकाधीश, वृन्दावन के बाँके बिहारी।''

प्रेरणा ने टोक दिया मुकुल को, ''तुमको तभी यह नहीं लगा कि इतने छोटे बच्चे को लेकर जगह-जगह की धूल फाँकना ठीक नहीं है। बाप रे इन मन्दिरों के आस-पास कितनी गन्दगी भी होती है।''

मुकुल की सास-भक्ति में कोई अन्तर नहीं आया, ''आण्टी आपने हमारी वह निराशा नहीं देखी जो नौ साल हमने झेली। परिवार और मित्रों के बीच हँसी के पात्र बने, डॉक्टरों की झाँसापट्टी के शिकार हुए, सितू ऐसे डिप्रेशन में चली गयी कि उसे नौकरी से लम्बा अवकाश लेना पड़ा। आप सोच रही हैं कि एक अरब जनसंख्यावाले मुल्क़ में एक परिवार में नहीं होगा बच्चा तो क्या हो जायेगा। पर उस परिवार को अलग रखकर सोचो आप?''

''नहीं मुकुल मैं ऐसा नहीं सोचती। मेरी बातों में निहितार्थ नहीं प्रकटार्थ ढूँढ़ो। तुम सुप्रीम कोर्ट के वकील, स्मिता केन्द्रीय विद्यालय की अध्यापिका, तुम दोनों के माता-पिता भी उच्च शिक्षित, ऐसा नहीं लगता कि तुम्हें कोई ताने मारता होगा। आज समाज में बच्चा न होना इतना बड़ा आक्षेप नहीं है।''

''नहीं आण्टी, मैं आपकी बात से सहमत नहीं हूँ। हम दोनों स्वस्थ और जवान हैं, हमें बच्चे की ज़बरदस्त आरज़ू थी।''

प्रेरणा को याद आया, उसकी गोद में भी शादी के पाँच साल बाद शिशु आया लेकिन इसका कारण शारीरिक की बजाय आर्थिक था। वे परिवार नियोजन कर रहे थे। जुगल की माँ उसे साथ लेकर चिन्तपूर्णी और ज्वाला जी गयी थीं। उसके हाथ में उन्होंने लाल चुनरी और नारियल देकर कहा था, "देवी माँ के आगे मत्था टेककर मन्नत माँग कि अगले साल तू बेटेवाली होकर यहाँ आये।"

प्रेरणा को माँ के भोलेपन पर रुलाई और हँसी दोनों आयी थी। उसे लगा था सबसे पहले तो उसे पर्स से निकालकर उन गोलियों का पत्ता बाहर फेंकना पड़ेगा जो उसे नियम से रोज़ खानी होती थीं। वह गर्भवती होने का जोखिम नहीं उठा सकती थी। जुगल और वह अलग-अलग शहर के हॉस्टल में रहकर नौकरी कर रहे थे। बच्चा पालने की गुंजाइश किसी के पास नहीं थी। अकस्मात् एक षड्यन्त्र के तहत उसकी नौकरी न छूटी होती तो वह पाँच क्या दस साल तक भी बच्चा पैदा करने की छूट नहीं लेती। लेकिन मुकुल दम्पती के सामने तो ऐसी कोई मजबूरी नहीं थी। "मन्नत उतारने भाभी अकेली जा सकती थीं। छोटी-सी बच्ची को ऐसी दुर्गम जगहों में साथ घसीटने का क्या मतलब था?"

"अकेली मम्मी नहीं हम सब का ख़याल था कि किसी अनुष्ठान में कोई दोष न रह जाय। हम दिन-रात बिबिया की सलामती की दुआ माँगते थे। उसको एक छींक भी आये तो हम दोनों काम छोड़कर घर में बैठ जाते।"

"और फिर उसे इतनी दूर भेज दिया। बदरीनाथ की यात्रा बड़े बूढ़े करते हैं, छोटे बच्चे नहीं।"

"क्या बतायें आण्टी, हरिद्वार तक हम सब साथ गये। हमें भी मम्मी के संग जाना था लेकिन स्मिता के स्कूल सत्र का आख़िरी दिन था। उसमें हाज़िरी लगाना बहुत ज़रूरी होता है। फिर बिबिया नानी से ऐसी चिपट गयी। ज़िद करने लगी, "हम नानी के साथ जायेंगे।" हमने बिबिया के लिए एक छोटा-सा सेवक रखा हुआ था शम्भू। वह हमारे साथ ही था। हमने उसे मम्मी का हाथ बँटाने को भेज दिया। बिब्बी कभी भी गोद में चढ़ने की ज़िद करती। शम्भू ही उसे लटकाये फिरता था। मम्मी पैदल चलने में हाँफ जाती थीं।" मुकुल की आँखों के सामने एक-एक ब्योरा आता जा रहा था। "बच्ची के बचने की बात कैसे उठी? अख़बार में ऐसा कुछ नहीं छपा", प्रेरणा ने मुकुल को कुरेदा।"

"अख़बार के रिपोर्टर पुलिस के आदमियों से सूचना इकट्ठी करते हैं। मौक़ा वारदात पर पहुँचनेवाले चन्द जाँबाज़ ही होते हैं। आण्टी, पुलिस तो दुर्घटना-स्थल पर दो घण्टे बाद पहुँची। लोग बताते हैं वहाँ एक सन्त स्नान कर रहे थे। उन्होंने नदी की उफनाती लहरों पर एक छोटी-सी बच्ची को उछलता-तैरता देखा। आगे बढ़कर उन्होंने उसे लोक लिया। उसके बाद वे कहाँ अन्तर्ध्यान हो गये, किसी को नहीं दिखे।"

मुकुल की आवाज़ में विश्वास का दम था। इतनी देर में वे घर पहुँच गये। स्मिता गले मिली। कमरे के कोने-कोने में बच्ची की दुनिया धड़क रही थी। सोफ़े कुर्सियों के साथ बिबिया की प्रैम और वॉकर रखे थे। अन्दर की लॉबी में बिबिया के पालने में उसके बेशुमार खिलौने बिखरे पड़े थे। कहीं कील पर एक मोज़ा अटका हुआ था, कहीं उसके हेयरबैण्ड चोटी की शक्ल में लटके थे। घर देखकर लगता था वहाँ बच्चों की भरमार होगी। स्मिता की आँखें सूनी और सूखी थीं।

ऐसे समय में उससे स्कूल और ससुराल की रस्मी बातें करना मुश्किल था। बैठक में भाभी की बड़ी-सी खिलखिलाती तस्वीर लगी हुई थी। प्रेरणा ने पूछा, "बिबिया की फोटो नहीं लगी?" कहने के साथ ही वह शर्मिन्दा हो गयी। दीवारों पर तो दिवंगतों के चित्र लगाये जाते हैं "वह अलबम में है", स्मिता ने एक बड़ा-सा अलबम उठाया और शुरू से दिखाने लगी। बच्ची की पैदाइश से लेकर हादसे से एक दिन पूर्व के फोटो। 30 अगस्त, 1997 से 30 अप्रैल, 2001 की अवधि में यह दम्पती देश के कोने-कोने में घूमा था। हर जगह भाभी भाई साथ-साथ थे। ख़ास बात यह थी कि सभी घूमने की जगहें प्रसिद्ध उपासना केन्द्र थीं। बिबिया एकदम बबुए की तरह सजी-धजी कभी नाना-नानी की गोद में तो कभी माँ-बाप की बाँहों में हर जगह प्रसन्न दिखी। दुर्घटना से एक दिन पहले, हरिद्वार में, लक्ष्मण झूले पर नानी और शम्भू के बीच झूलती, इठलाती वह बिबिया ही तो थी। प्रेरणा का मन अभी भी इस बात को स्वीकार नहीं कर पा रहा था कि, जीवन से लबालब भरी इस बच्ची को क्या समस्त तीर्थ और धाम ले जाकर मन्नत उतारना ज़रूरी था। बिबिया का नाम शाम्भवी था, वह साक्षात् देवी रूप थी। फिर उसका जन्म कात्यायनी मन्दिर के सान्निध्य में हुआ था। उस पर समस्त देवी-देवताओं का वरदहस्त पहले से था।

भाभी के पराक्रम से प्रेरणा का पुराना परिचय था। जब वे इलाहाबाद में थीं, प्रेरणा ने उन्हें अथक परिश्रम करते देखा। जिन योजनाओं में प्रेरणा अपनी छोटी उँगली भी उठाना न चाहे, भाभी उसमें सिर समेत घुस जातीं। उनके हाथ पसीने के सिवा कुछ न लगता पर उनका उत्साह था कि कभी कम न होता। उनकी दरियादिली के कारण कई अपात्र और कुपात्र भी उनकी कृपा पाते रहते। प्रेरणा सहित दोस्तों का एक समूह था जो भाभी के इस सर्वस्व लुटाऊ व्यक्तित्व से परेशान था।

मुकुल ने शकुबाई से बाक़ायदा चाय बनवायी। चाय पर बैठते ही उसने स्मिता से कहा, "बाबा का फ़ोन आया था छब्बीस तारीख को बुलाया है।"

स्मिता की आँखें एक पल को चमकीं, फिर बुझ गयीं, "क्या फ़ायदा, कितनी बार उसके बुलाने पर जा चुके हो।"

"इस बार उसे पक्का है कि बिब्बी मिलेगी।"

जब मुकुल उठकर अन्दर गया स्मिता ने कहा, "इसी तरह ये नौ साल से भागे-भागे फिर रहे हैं। इन्हें यक़ीन है कि बिबिया है। मैं कहती हूँ अगर वह बच भी गयी है तो हमें पहचानेगी थोड़े ही। तीन साल की बच्ची का स्मृति-कोष कितना बड़ा हो सकता है।" लेकिन मुकुल कुछ नहीं सुनते। ये कहते हैं, "अरे मेरी छाती से चिपके बिना वह सोती तक नहीं थी। कैसे भूल जायेगी अपने पापा को।"

"तुम्हें क्या लगता है?"

"मेरा ख़याल है हर बात के लिए बहुत देर हो चुकी है। बच्चे के बारे में सोचकर मुझे थकान आती है।"

प्रेरणा उठ खड़ी हुई, "तुम कहो तो मैं उत्तराखण्ड की पहाड़ियों की खोज करवाऊँ। वहाँ के मुख्यमन्त्री साहित्यकार हैं।"

"नहीं आण्टी, ज़रूरत पड़ी तो आपसे कहेंगे। अभी ये किसी के कहने से रुकेंगे नहीं। मैं भी पहले साथ जाती थी, अब मैंने छोड़ दिया है। इन्होंने तो अपनी अच्छी भली प्रैक्टिस चौपट कर ली, मैं भी नौकरी छोड़कर बैठ जाऊँ तो घर कैसे चलेगा। साधु-सन्तो का भी पूरा खर्चा सिर पर है।"

स्मिता और मुकुल परिवार की त्रासदी याद कर प्रेरणा का मन भर आता रहा। प्रेरणा को इस बात का क्लेश सता रहा था कि उसने चारधाम यात्रा अथवा बदरीनाथ धाम की यात्रा का जब भी कोई जत्था देखा उसमें जर्जर बूढ़े, मृतप्राय लोग ही दिखे। तीन-चार साल की बच्ची को ऐसी विकट यात्रा पर ले जाने की मूढ़ता कोई नहीं करता। देखा जाय तो भाभी की उम्र भी अभी बदरीनाथ यात्रा की नहीं थी। हमारे ग्रूप में उन्हें चटपटी भाभी समझा जाता था। वहाँ जब इस दुर्घटना की ख़बर पहुँची, किसी को विश्वास ही नहीं हुआ। हम सबको हैरानी हुई कैसे, जीवन से लबालब भरी गगरी जैसी भाभी को मौत ने अपनी मनहूस छड़ी से छूने की जुर्रत की। बच्ची की ख़बर को लेकर वहाँ अटकलें चलती रहीं। किसी ने कहा, भाभी के साथ उनकी नातिन भी थी; किसी ने कहा, नहीं भाभी अकेली गयी थीं, नातिन अपने माँ-बाप के साथ लौट गयी थी।

दिल्ली आकर ही पुष्टि हुई कि इस दुर्घटना में प्रेरणा के दो आत्मीय परिवार उजड़ गये। स्मिता के पिता, सब-कुछ होते हुए, कुछ ऐसे खाली हाथ ठगे, खड़े रह गये कि सान्त्वना के शब्द भी शर्मिन्दा हो जायँ। वे एक तरफ़ बेटी-दामाद के घर का सन्नाटा देखते, दूसरी तरफ़ अपने घर का। दुर्घटना के तत्काल बाद के दिनों में वे बच्चों के साथ कई बार हरिद्वार, चमोली, रुद्रप्रयाग, नन्दप्रयाग गये लेकिन साधु और ज्योतिषी-बाबाओं के धूर्त अनुमान और मक्कार-वचन सुनकर उनका इनसे मोह भंग हो गया। उन्होंने अपने एकान्त को लेखन में झोंक दिया।

देखा जाय तो यह नौ वर्ष का समय स्मिता के लिए सबसे कठिन था। अपनी आँख की पुतली गँवाने के साथ-साथ उसने अपना मायका भी गँवा दिया। जब वह पिता के घर जाती अजीबोगरीब सच्चाइयों से उसका साक्षात्कार होता। जीते जी सारे सुख देकर उसकी मम्मी ने उसके पिता को अचानक एकदम दुखिया बना दिया। वे अपने बिस्तर की बगल की मेज़ पर नोटपैड पर छोटी-छोटी बातें लिखकर रख लेते कि स्मिता आयेगी तो उससे पूछेंगे!

- खिचड़ी बनाने को दाल और चावल को साथ भिगोते हैं या अलग?
- खिचड़ी जले नहीं और पतली भी न हो, इसके पानी का अनुपात क्या हो?
- आलू उबालने के लिए कुकर में कितनी सीटी लगायें?
- बाई की माहवारी तनखा कितनी है?

वे बेचारे तो कुछ भी नहीं जानते थे। वहाँ जाकर स्मिता कुछ देर घर का संचालन करती फिर उसे अपने घर लौटना ही पड़ता।

पिता के घर में माँ की भूमिका निभाते हुए स्मिता थक जाती। अपने घर में पति के काल्पनिक सत्यों से तालमेल बिठाना उतना ही प्रलयंकारी था। मुकुल कभी ऐसा दिखाते जैसे बिबिया उनके साथ लौट आयी है। वे उसकी आवभगत में लग जाते।

स्मिता बार-बार याद दिलाती, ''मुकुल बिबिया ने माँ के साथ ही जल-समाधि ले ली, यह क्यों भूल जाते हो।''

मुकुल चिढ़ जाता। उसे लगता स्मिता में संवेदनशीलता का अभाव है। वह उठकर बैठता और ज़ोर से पुकारता, ''बिबिया जल्दी से इस कमरे में आ जा। तेरी मम्मी दरवाज़ा बन्द करनेवाली हैं।''

माहौल इतना भारी हो जाता कि रात का खाना मेज़ पर रखा रहता, अनछुआ, और सुबह फेंका जाता। बेचैनी का बवण्डर उठता, घूमता और किसी कमज़ोर-सी उम्मीद पर टिककर थोड़ी देर सुस्ता लेता।

छब्बीस तारीख को कलाई पर घड़ी बाँधते हुए प्रेरणा को तारीख दिखी तो स्मिता-मुकुल का ध्यान आ गया। उस वक़्त कॉलेज पहुँचने की हड़बड़ी थी। शाम को फ़ोन किया। स्मिता ने बताया।

''हाँ आण्टी ये सुबह पाँच बजे ही चले गये। बिबिया के लिए कपड़े भी लेकर गये हैं कहते हैं क्या पता किस हाल में हो। मुझे तो कोई उम्मीद नहीं फिर भी इनकी निराशा की कल्पना से मैं थर्रा जाती हूँ। भगवान् करे उसकी कोई अच्छी ख़बर ही मिले इन्हें। मेरी तबीयत ठीक नहीं है नहीं तो मैं भी साथ जाती।''

प्रेरणा दूसरे-तीसरे दिन फ़ोन करती रही।

इस बार मुकुल को हरिद्वार और रुद्रप्रयाग में पाँच दिन लग गये। छठे दिन वह लौटा, थका, टूटा और परास्त। उसने बताया जिस चादरवाले बाबा ने उसे पक्का

आश्वासन दिया था कि इस बार वह बच्ची से मिला देगा, अपने साथ एक तेरह-चौदह साल की लड़की लाया था और बार-बार कह रहा था कि उसके गुरुजी को यह अलकनन्दा की लहरों के ऊपर मिली थी। बाबा ने उस लड़की को गेरुआ धोती में, एक मन्दिर में चौकी पर खड़ा कर रखा था। लोग बाल-संन्यासिनी समझ उसके दर्शन करते और दक्षिणा देते। हर बार वह लड़की हाथ उठाकर कहती 'कल्याण भव।' मुकुल ने उस लड़की से बात करने की बहुत कोशिश की लेकिन लड़की ने हर सवाल के जवाब में कहा, 'कल्याण भव।' ऐसा लगा जैसे इसके सिवा वह और कुछ बोलना ही नहीं जानती। हद तो तब हो गयी जब चादरवाले बाबा ने कहा, ''जजमान, कन्या तुम्हें प्राप्त हो जायेगी पर इसका कुछ ख़र्चा पड़ेगा। मेरी आमदनी का यही एक जरिया है। आप इसे ले जाना चाहो तो दस लाख रुपये मेरे मन्दिर के नाम जमा कर दो।''

मुकुल ने कहा वह दान दे भी देता अगर उसे उस लड़की में अपनी बच्ची की ज़रा सी भी छवि नज़र आती। उसे लगा जैसे बाबा संन्यासी न होकर व्यापारी हो। मुकुल ने हताश होकर कहा, ''स्मिता तुम ठीक कहती थीं, बिबिया नहीं मिलेगी अब।''

स्मिता की तबीयत आज कुछ सँभली हुई थी। उसने मुकुल से कहा, ''मुकुल बिबिया तो मिल गयी!''

''हटो, झूठ, अभी तो मैं ढूँढ़कर आ रहा हूँ, तुम्हें कहाँ मिलेगी?''

स्मिता ने पास आकर मुकुल के दोनों हाथ अपने पेट पर रख लिये, ''यहाँ मिली बिबिया, सच!

मैं आज ही डॉक्टर से जाँच करवाकर आयी हूँ।

मैं फिर से माँ बननेवाली हूँ।''

●

वह लड़का जिसे गर्मी लगती थी

इस बार भीषण गर्मी पड़ रही थी। सुबह हो या शाम, पेड़-पौधों का एक भी पत्ता हिलता न दिखता। पंखे के नीचे बैठकर भी लोग पसीने से तरबतर रहते। तबीयत घबराने लगती तो लोग कमीज़ उतारकर खूँटी पर लटका देते और बनियान को पर्याप्त परिधान मानकर घर में कमरे से बरामदे के चक्कर लगाते। स्त्रियाँ इतनी खुशक़िस्मत नहीं थीं। ज़्यादा-से-ज़्यादा वे अन्तर्वस्त्र उतार देतीं पर साड़ी, पेटीकोट, ब्लाउज़ का अनुशासन तो मानना ही पड़ता। हालत यह थी कि रसोई में चार रोटी सेंकने में ही स्वेद-स्नान हो जाता। नये सिरे से कपड़े बदले जाते। पसीने से भीगे कपड़ों का अम्बार लग जाता लेकिन उन्हें धोने के लिए नल में पानी नदारद। यों तो पानी हमेशा नख़रे से आता किन्तु गर्मियों में तो उसके दर्शन और स्पर्श दुर्लभ हो जाते। चोर की तरह पानी रात में आता, कुछ देर नलों को गीला करता। लोग आँखें मलते हुए उठते, बाल्टियाँ वगैरह भरते, कुछ कर्मठ लोग नल की बहती धार के नीचे, उस कुबेले में नहा भी डालते। लेकिन जब तक कपड़े धोने का कार्यक्रम शुरू होता, नल से पानी कूच कर जाता। सबकी नींद ख़राब हो जाती। सुबह जम्हाइयाँ लेते लोग दफ़्तर पहुँचते। चुलबुले नौजवान कह उठते, ''हमारे शहर के नल तो हनीमून की रातों का मज़ा दे रहे हैं।''

ऐसी पसीना छाप गर्मी मई-जून में पड़े तब समझ में आती है। जुलाई-अगँस्त में इसे कैसे बर्दाश्त किया जाय। अब आषाढ़ में प्रथम मेघ के दर्शन भी नहीं हुए, लगता है कालिदास के साथ ही सिधार गये।

शाहगंज भी शहर के अन्य मुहल्लों जैसा था। जॉन्सनगंज की मुख्य सड़क से बायें हाथ को दो-तीन पतली लम्बी गलियाँ समानान्तर अन्दर जातीं। गली के दोनों तरफ़ ऊँचे नीचे मकानों की क़तारें, उन्हीं की निचली कोठरियों में दो चार दुकानें। एक तरफ़ लम्बी सी इमारत, लाला जी की धर्मशाला। जहाँ गली मुड़ती वहाँ मस्जिद और जहाँ कटकर मुख्य सड़क में वापस मिलती वहाँ प्राइमरी स्कूल। शाहगंज की पहली गली में बिजली और इलेक्ट्रॉनिक सामानों की दुकानों की भरमार थी। संसार का कोई ऐसा ब्राण्ड नहीं था जो यहाँ न बिकता हो। फ़र्क़ बस इतना कि शाहगंज में दुकान के पिछवाड़े ही इन उपकरणों की वर्कशॉप होती। खजला हाल गृहस्थों और

देहाती ख़रीदारों के सपने यहीं पूरे होते जब वे हज़ार रुपये में सान्यो का ट्रांजिस्टर या पच्चीस रुपये में आयातित बैटरी लेकर वापस घर जाते। शाहगंज की सामाजिकता का सबसे बड़ा अड्डा था वह नीम का पेड़ जो लाला जी की धर्मशाला के आगे लगा था। यह पेड़ इतना विशाल था कि इसके चबूतरे पर पचास लोग इकट्ठा बैठ सकते। घर में जब गर्मी और मच्छर सताते, लोग हाथ में एक पंखा लेकर नीम तले डेरा जमाते। इस स्थल को निमतल्ला क्लब कहना भी ग़लत न होता।

इस गली की कुछ और भी ख़ूबियाँ थीं जो पकड़ में नहीं आतीं लेकिन जिनका फ़ायदा यहाँ के बाशिन्दों को मिलता रहता। पहली तो यही कि सूरज यहाँ सिर्फ़ छतों पर टँगा रहता, गली में नहीं उतरता। भरी दोपहर में भी यहाँ छाया होती, आड़े-तिरछे, ऊँचे-नीचे मकानों की महिमा कुछ ऐसी अजब थी। बच्चे आराम से क्रिकेट, जिसे वे किरकिट कहते, खेलते रहते। धर्मशाला का अहाता बहुउद्देशीय परिसर था। ठुल्ले लड़कों की बैठकी, बूढ़ों की सभा और बैण्ड बाजा पार्टी का ठहराव सब यहीं होता।

दूसरी ख़ास बात थी शाहगंज का माहौल। यहाँ रहनेवालों को लगता कि शाहगंज, शहर का सबसे सुरक्षित स्थान है। यहाँ सभी जाति के लोग थे लेकिन कोई किसी का रास्ता नहीं काटता।

तीसरी ख़ासियत थी कि शाहगंज सिर्फ़ नाम से ही नहीं, वरन् काम से भी अपने को स्वायत्त और सम्पूर्ण मानता। यहाँ कुछ न करके शान से रहनेवाले नेता भी बसते थे और दलाल भी। ऐसे भी घर थे जिनके यहाँ का बच्चा-बच्चा शाहगंज की बिजली गली में काम पर लगा था। शुरू में जिसे झाड़ू लगाने के काम पर रखा जाता, तरक़्क़ी करते-करते वह बल्ब में तार फिट करना सीख जाता। नौजवान लड़के, जिनके पास कोई तकनीकी डिप्लोमा या डिग्री नहीं थी, जाने कैसे पेचीदा सरकिट की भूलभुलैया सीखकर बढ़िया-से-बढ़िया रेडियो, ट्रांजिस्टर या टी.वी. बना डालते। योगी भी उन्हीं में से एक था। वह छोटा-सा था जब इस गली में रहने आया। उसके पिता वैरायटी लैम्प कम्पनी में सेल्समैन थे। जब वह चौदह साल का हुआ, दयाराम ने उसे, अपने मालिक से कहकर बिजली का काम सीखने बैठाया। लेकिन योगेश कुमार का इस काम में बिलकुल मन नहीं लगा। निराश होकर दयाराम ने उसे पास की दुकान 'वर्मा कूलर्स' में रखवा दिया जहाँ वह सारे दिन कूलर की दीवारों में घास भरने का काम करता। वर्मा कूलर्स का मालिक झक्की और कंजूस था। पहली तारीख को तयशुदा सौ रुपये देने में भी उसकी जान निकलती। हार झखमार कर योगेश को स्कूल में डाल दिया गया। ताज्जुब कि पढ़ाई उसे इन समस्त कामों से सबसे आसान लगी और साल-दर-साल वह पास होता गया।

योगेश कुमार को घर में और गली में सब योगी कहकर पुकारते। यहाँ तक कि हाईस्कूल का फॉर्म भरते हुए उसे याद ही नहीं आया कि उसका नाम योगेश कुमार

है। उसने अपना नाम लिखा योगीराम। हाईस्कूल परीक्षा का परिणाम जब निकला, बहुतों ने समझा योगेश कुमार तो रह गया। खुद दयाराम ने गज़ट की कॉपी स्कूल के बोर्ड पर लगी देख, मुँह लटका लिया। बेटा पीछे खड़ा था। वहीं, भरी भीड़ में उसका कान उमेठकर कहा, ''सूअर कहीं का, फेल होकर धर गया न।''

योगी ने रुआँसा मुँह और आँसुओं से धुँधली आँखों से एक बार खुद परीक्षाफल के लम्बे लम्बे पन्ने देखे तो उसे अपना अनुक्रमांक और नाम योगीराम अंकित दिखा। ''देखो पास तो हूँ मैं,'' उसने पिता को दिखाया। दयाराम, बेटे के साथ-साथ ही सूची दुबारा देख रहा था। अब उसने दूसरी बार योगी का कान उमेठा, ''यह नाम किससे पूछकर बदला है, बोल।'' इतने दोस्तों और अभिभावकों के सामने बाप से पिटना योगी को नागवार गुज़रा। वह रास्ते भर मुँह फुलाकर वापस आया। दयाराम ने नुक्कड़ के हलवाई से आधा किलो लड्डू ख़रीदे। हलवाई को सगर्व बताया, ''योगी दसवीं पास कर गया है।'' हलवाई पैसे लेने से इनकार कर रहा था पर दयाराम ने उसके पटरे पर रख दिये, ''खुशी का दिन है, ले लो।''

माँ बहुत खुश हुई परीक्षाफल जानकर। उसने तुरन्त छोटे बेटे लोकेश को घुड़का, ''देख ले भैया ने हाईस्कूल कर लिया। तू दो साल से सातवीं में पड़ा है।''

''नहीं पढ़ेगा तो जनम भर इसी गली में बैठा तार जोड़ेगा और क्या?'' बाप ने कहा।

दयाराम को फिर ध्यान आ गया। उसने योगेश को फिर डपटा, ''नाम क्यों बदला था बे।''

''कहाँ बदला। यई तो बोलते हैं आप सब।''

''बोलने की बात अलग है, लिखने की अलग। कल को तेरा ब्याह होगा तो कार्ड में क्या लिखेंगे योगी या योगेश कुमार? और सिर्फ़ योगी लिखता तो कोई बात थी। यह राम कहाँ से लाया तू?''

''आपके नाम में से निकाला मैंने—दयाराम, योगीराम।'' दयाराम निरुत्तर हो गया हालाँकि बेटे से निरुत्तर होना उसे पसन्द नहीं था।

योगी का मन खट्टा हो गया कुछ इस तरह कि उससे मीठा लड्डू भी नहीं खाया गया। किसी तरह घर के चंगुल से छूट वह धर्मशाला पर आ गया। यहाँ सुकून था, दो-चार यार दोस्त थे, थोड़ी-बहुत हवा भी चल रही थी।

परीक्षाफल की ख़बर का खुलासा होने पर लड़कों ने योगी की ख़ूब पीठ ठोंकी। इस साल वह इस गली का इकलौता हाईस्कूल उत्तीर्ण लड़का था। अभी लड़कियों का परीक्षाफल पता करना बक़ाया था।

गली में लड़के और लड़कियों के बीच संवाद नहीं था पर परोक्ष पहचान अचूक थी। फ़िल्मों की तर्ज़ पर सबने अपने नायक-नायिका यहीं ढूँढ़ लिये थे। 355 नम्बर

वाले मकान की लड़की उन्हें सोनाक्षी लगती तो 470 वाली प्रियंका। लड़कियों के सलमान और आमिर भी इसी गली के अन्य नम्बरों में रहते थे। एक बार किसी सिने कलाकार से जोड़ बैठाया जाता तो हू-ब-हू वही चेहरा नज़र आने लगता।

सूफ़ी पूछता, ''सोनाक्षी स्कूल चली गयी क्या?''

अजय जवाब देता, ''अभी कहाँ, ठीक दस बजे अब्दुल का रिक्शा आयेगा, तभी तो जायेगी।''

गली का आमिर ख़ान शिक्षा विभाग में क्लर्क था तो सलमान डॉ. वर्मा की पैथोलॉजी लैब में सहायक। वह अकसर खीझता रहता, ''साला अपने को यही काम मिलना था, लोगों के गू-मूत, थूक और खून को खुर्दबीन के शीशे से ताके जाओ, ताके जाओ।''

योगी की शक्ल किसी फ़िल्मी हीरो से नहीं मिलती थी लेकिन दोस्त उसे पसन्द करते। योगी को यह अच्छा लगता कि उसकी जो बातें घरवाले, दोहराने पर भी नहीं समझते, ये दोस्त, अपनी सीमित स्कूली शिक्षा के बावजूद खट् से समझ लेते।

तभी तो घर की समस्या सुनकर सूफ़ी ने उसे समझाया, ''मेरी भी पढ़ाई इसी मारे छूटी थी कि अब्बा बोले, ''मेरे पास नई है देने को फ़ीस।''

शकील बोला, ''मेरी फ़ीस माफ़ थी, फिर भी अब्बू ने स्कूल से उठा लिया। चार हाथ न हों तो दुकान सँभलनी मुश्किल। तब से दुकान का ही हो गया मैं तो।''

''हमारे यहाँ तो दुकान भी नहीं है, फिर भी घर बैठा रहे हैं बाबू।''

योगी को अफसोस हो रहा था।

परेशानियों ने योगी को बहुत जल्द वयस्क बना दिया। उसने अख़बार में नौकरी के इश्तेहार पढ़ने शुरू कर दिये। दयाराम भी आये दिन बेटे को सुझाव देता, ''अच्छे भाई के गोदाम पर आदमी की कमी है। जाकर उनसे हाथ जोड़, तो रख लेंगे तुझे।''

योगी चिढ़ जाता, ''अच्छे भाई सिर्फ़ नाम के अच्छे हैं, आये दिन उनके गोदाम पर छापा पड़ता है।''

दयाराम भड़कता, ''तुझे इससे मतलब। तुझे तो मज़दूरी से मतलब है न।''

योगी और भी अड़ियल हो जाता।

साल से भी कम समय में, अख़बार के ही ज़रिये, योगी को नौकरी मिल गयी। कोई ऊँची नौकरी नहीं, लॉ बुक कम्पनी में चपरासी का काम। सिविल लाइन्स में इसकी मुख्य दुकान थी जिसे मालिक लोग ऑफ़िस कहते थे। क़ानून की किताबों और नियमावलियों की पाण्डुलिपियों का चयन, टंकण, मुद्रण और प्रकाशन इसी दफ़्तर के अधीन था। यहाँ से हर महीने क़ानून का जर्नल भी निकलता। योगी के जिम्मे विविध काम थे। उसका शिक्षित होना भी काम आ रहा था। अनेक प्रेसों से प्रूफ़ लाना, प्रूफ़ वापस ले जाना, तैयार किताबों के बण्डल गोदाम में गिनकर

सहेजवाना और ट्रालीवालों का हिसाब रखना, योगी के हिस्से के काम थे। हफ़्ते भर में वह काफ़ी काम समझ गया। वह अपना काम इतनी ईमानदारी और रफ़्तार से करता कि स्वभाव से चिड़चिड़े मैनेजर मिश्रा बाबू भी उसमें कमी न निकाल पाते। दौड़-भाग से बचे समय में योगी बड़े साहब टण्डन जी के ठण्डे कमरे के बाहर प्लास्टिक की कुर्सी पर बैठा, उनकी घण्टी का इन्तज़ार करता।

जहाँ बाक़ी चपरासी टण्डन साहब के कमरे में जाने से कतराते, योगी लपककर जाता। अन्दर का केबिन वातानुकूलित था। कुछ ही पल को सही, वहाँ खड़े होना योगी को अच्छा लगता। उसे लगता यह केबिन इलाहाबाद में नहीं कश्मीर में है। दफ़्तर के बड़े हॉल में भी एक कूलर हर वक़्त घर्र-घर्र चलता रहता लेकिन उसमें दोपहर तक पानी ख़त्म हो जाता। तब वह गर्म हवा फेंकने लगता। जब तक मिश्रा बाबू चिल्लाकर आदेश नहीं देते, कोई भी कर्मचारी कूलर में पानी नहीं भरता। क़ायदे से दफ़्तर शाम सात बजे बन्द होने का समय था पर अक्सर देर हो जाती। कभी कोई नामी वकील आकर बैठ जाते तो कभी लॉ-कॉलेज के प्रोफ़ेसर। कभी बिक्री का हिसाब ठीक न मिलने से सबको रुकना पड़ता।

योगी को कौन-सी जल्दी होती। घर वैसे भी उसके लिए नागवार होता जा रहा था। हाँ देर होने पर वह अपने दोस्तों के साथ होनेवाले हँसी-ठट्ठे से वंचित रह जाता लेकिन घर की याद बिलकुल नहीं सताती।

इधर कुछ दिनों से एक और दिक़्क़त पेश आ रही थी। योगी को रात में नींद न आती। अँधेरे में वह बिस्तर से उठकर बैठ जाता। कभी माँ की नींद खुल जाती तो पूछती, "क्या बात है बेटे?"

"बहुत गर्मी लग रही है, मच्छर अलग काट रहे हैं।"

माँ हँसती, "तेरे सिर के ऊपर फर्र-फर्र पंखा चल रहा है, गर्मी कहाँ है। कितने ही ऐसे लोग हैं जिन्हें पंखा भी नसीब नहीं।"

योगी झुँझला जाता। अजब मिट्टी के बने हैं घर के लोग। गर्मी में इन्हें गर्मी नहीं लगती और ठण्ड में ठण्ड। एकदम भोर में उसकी नींद लगती कि तभी माँ चौके में बर्तन ठनकाने लगती। उसके बाद झाड़ू-बुहारू शुरू हो जाती जब सबको अपना बिस्तर समेटकर रख देना होता।

कई बार दफ़्तर में योगी अपनी प्लास्टिक की कुर्सी पर बैठा-बैठा सो जाता। घण्टी की आवाज़ पर वह चौंककर जागता और अन्दर पहुँच जाता। ठण्डी हवा के स्पर्श से उसकी सुस्ती एकदम भाग जाती और वह दौड़ जाता कभी प्रूफ़ लाने, कभी ले जाने तो कभी चाय बनाने। वैसे भी मालिक का आदेश था कि दफ़्तर में कोई आदमी यह नहीं कहेगा कि यह मेरा काम है, यह मेरा नहीं है। सबका सब काम है। इसी बात की अच्छी तनखा देते थे वे। उनका बेटा संदीप टण्डन योगी के काम

से इतना ख़ुश था कि उसने साल भर में उसकी तनखा दुगनी कर डाली। योगी दो हज़ार पर नियुक्त हुआ था। दिन भर की उसकी अथक दौड़ और काम के प्रति समझदारी पहचानकर संदीप की सिफ़ारिश पर सीनियर टण्डन साहब ने उसकी तनखा चार हज़ार कर दी। एक-दो बार ऐसा हुआ कि प्रूफ़ पढ़नेवाला नहीं आया। योगी ने शाम तक इन्तज़ार किया। उसे लगा यह सामग्री छपेगी कैस जब प्रूफ़ नहीं पढ़े गये। उसने शाम को दफ़्तर में ही रुककर प्रूफ़ पढ़ डाले। इस काम में आनन्द आया उसे। शब्दों को देखना, पढ़ना, जाँचना अच्छा लगा। दफ़्तर में ए.सी. आठ बजे बन्द हो गया था फिर भी ठण्डक बाक़ी थी। योगी घर की घुटन और घिचपिच से वैसे भी घबराता।

लॉ बुक कम्पनी का काम दिन-पर-दिन बढ़ रहा था। यह शहर की ही नहीं प्रदेश की सबसे बड़ी प्रकाशक कम्पनी बन रही थी। एक गोदाम पुस्तकें रखने को कम पड़ रहा था। सिविल लाइन्स के पिछवाड़े एल्गिन रोड पर मालिकों ने एक और गोदाम किराये पर लिया। उनके चौकीदार बहादुर ने हाथ खड़े कर दिये, "साब मैं अकेला दो गोदाम कैसे सँभालेगा?"

"तुम्हें और पैसे देंगे बहादुर" टण्डन साब ने चारा फेंका।

"नईं, मैं नईं करने सकता। एक गोदाम यहाँ ऑफ़िस के बाजू में है, दूसरा दो रोड आगे है।"

बहादुर के ऊपर किसी प्रलोभन का असर नहीं पड़ा। वह क़ायदे का आदमी था। सुबह आठ से रात आठ तक की ड्यूटी मुस्तैदी से करता। रात में सड़क का चौकीदार गश्त लगाता। सुबह चार बजे बहादुर एक बार ऑफ़िस और गोदाम के तालों पर टॉर्च मारकर तसल्ली कर लेता।

ताबड़तोड़ एक और चौकीदार की ढुँढ़ाई हुई। एक नेपाली कांछा मिल गया लेकिन उसका कहना था वह तैयार बण्डल रखने और निकालने की ज़िम्मेदारी नहीं लेगा।

सीनियर टण्डन साहब बिगड़ने लगे। उन्हें लगा जितना स्टाफ़ बढ़ेगा, उतना ही ख़र्च और ख़तरा भी।

बाइण्डिग हाउस कभी सुबह कभी देर शाम किताबों के बण्डल रवाना करते।

टण्डन साहब ने बेटे से कहा, "तुम्हीं बताओ बेटे क्या करें? दफ़्तर चौबीसों घण्टे तो खुला नहीं रख सकते।"

संदीप पहले ही काम के बोझ से झुँझलाया हुआ था। उसने कहा, "आप बोलो तो मैं घर जाया ही न करूँ, यहीं डेरा जमा लूँ।"

योगी ने डरते-डरते कहा, "एक बात बोलूँ भैया जी, जब तक आपका कोई इन्तज़ाम नहीं होता, मैं यहीं दफ़्तर में रुक जाया करूँ।"

संदीप टण्डन ने अभी तक इस सम्भावना पर ग़ौर नहीं किया था।

टण्डन साहब को भी लगा योगी ने उनके लिए बड़े फ़ायदे और क़ायदे की बात की है। वह दफ़्तर में बना रहेगा तो वक़्त-बेवक़्त उन लोगों को घर से उठकर आना नहीं पड़ेगा।

संदीप ने टटोला, "योगी तुम्हारे घरवाले तुम्हें घर छोड़ने की इजाज़त कैसे देंगे।"

योगी ने कहा, "जी उन्हें मनाना पड़ेगा। मेरे पिता जी ज़रा गुस्सेवाले हैं। मैं बात करके देखता हूँ जी।"

मालिकों के जाने पर घर की तरफ़ जाते हुए योगी को लगा उसकी परेशानी का ताला, मालिकों की परेशानी की चाभी से खुल सकता है। क्या है उसके लिए घर में। नसीहतें और घुड़कियाँ। ऊपर से गर्मी और गन्दगी।

घर जाकर उसने माँ बाप से अनुमति नहीं माँगी, सीधे ऐलान कर दिया, "मालिकों ने कहा है महीने भर दफ़्तर में रहना एकदम ज़रूरी है। यही किताबों का सीज़न है, किताबों की उठा धराई सब मेरे जिम्मे है।"

माँ ने कहा, "अरे तू कहाँ रहेगा, क्या खायेगा। तुझे तो कुछ बनाना भी नहीं आता।"

"माँ सिविल लाइन्स में दसियों ढाबे हैं, एक दिन तुम आना, खुद देख लेना।"

माँ निहाल हो गयी, "सच बेटा तू मुझे सिविल लाइन्स घुमायेगा? मैंने तो आज तक नहीं देखी सिविल लाइन्स।"

"अब तो वहाँ बहुत बड़ी-बड़ी इमारतें बन गयी हैं। चारों तरफ़ रोशनी रहती है।"

माँ-बेटे की बातचीत पर पिता की गुर्राहट हावी हुई, "ढाबे में खायेगा तो पैसे नहीं खर्च होंगे?"

"टण्डन साहब ने पहले ही कह दिया है कि खाने की पर्ची मैनेजर को देकर ख़र्चा ले लेना।"

"नवाब साहब बन रहे हो। हमें देखो सारे दिन दुकान पर खड़े रहो। बस शाम चार बजे एक प्याला चाय और कुछ नहीं।"

"चलो, बेटे की तरक़्क़ी पर तुम्हें ख़ुश होना चाहिए कि नहीं।"

"काहे की तरक़्क़ी। ओहदा तो उन्होंने चपरासी का ही दे रखा है।"

"नहीं पिता जी छोटे मालिक ने कहा है कि इण्टर का प्राइवेट फॉर्म भर दो। तुम इण्टर पास कर लोगे तो तुम्हें छोटे बाबू बना देंगे।" योगी के पास हर सवाल का जवाब था। योगी ने घर से सिर्फ़ दो जोड़ी कपड़े लिये और मंजन ब्रश। माँ बिस्तर देने लगी तो उसने मना कर दिया, "रहने दो माँ, दफ़्तर में कहाँ बिछाऊँगा।"

माँ बेचैन हो गयी, "रात में क्या कुर्सी पर सोयेगा तू?"

"तुम नहीं मानतीं तो चलो एक चादर ले लेता हूँ।"

योगी ने लोकेश को प्यार किया जो अब तक रुआँसा होकर खड़ा हुआ था, "तू मन लगाकर पढ़ना। कोई बात हो तो शाम के वक़्त मेरे पास आ जाना। वैसे मैं भी आता रहूँगा।"

सबसे मुश्किल था निमतल्ला क्लब के दोस्तों से विदा लेना। एक तरफ़ वे सब ख़ुश थे कि योगी शाहगंज की तंग गलियों से निकल रहा है। दूसरी तरफ़ उन्हें ग़म था कि अब उनके साथ कैरम और क्रिकेट कौन खेलेगा। दोनों ही खेलों में योगी तेज़ था।

योगी ने हँसकर कहा, "मैं कोई दूर थोड़े ही जा रहा हूँ। बस निरंजन का पुल पार करते ही सिविल लाइन्स। मन करे तो कभी आ जाना तुम सब। पर हाँ, दिन भर तो मुझे भाग-दौड़ रहती है, शाम को ही आना।" दोस्त ख़ुश हो गये। उनके जीवन में सिविल लाइन्स एक दुर्लभ दिवास्वप्न की तरह थी।

योगी दफ़्तर के मोर्चे पर तैनात हो गया। उसका आत्मविश्वास भी पहले से बढ़ गया। टण्डन साहब ने उसके लिए एक फोल्डिंग कैम्पकॉट और छोटी दरी मँगवा दी। कैम्पकॉट इतनी पतली और छोटी थी कि योगी के पाँव बाहर लटके रहते। पर ऑफिस में पूरी खाट के लिए जगह भी नहीं थी। दिन में कैम्पकॉट को मोड़कर दरवाज़े के पीछे रख दिया जाता। योगी का काम पहले से ज़्यादा बढ़ गया था। रोज़ दस से सात तक भाग-दौड़ रहती। सात बजे के बाद जैसे ही दफ़्तर बन्द करने का वक़्त होता, कभी बाइण्डिग हाउस से किताबों के बण्डल आ जाते, कभी कोई निहायत ज़रूरी आर्डर आ जाता। संदीप बाबू ने योगी का इ टरमीडियेट परीक्षा का प्राइवेट फॉर्म भरवा डाला। कहीं से मँगवाकर सेकेण्ड हैण्ड किताबें भी उसे दे दीं। सच्चाई यह थी कि समस्त कामों से फ़ारिग़ होकर जब वह पढ़ने बैठता तो उसकी आँखें मुँदने लगतीं। दिन भर की ठण्डक का थोड़ा-सा स्पर्श दफ़्तर में बसा होता। कई बार खाना खाने भी बाहर न जाता योगी, बस मेज़ पर सिर रखकर सो जाता।

एक दिन लोकेश उससे मिलने आया। तब भी उसकी ऐसे ही आँख लग गयी थी। उस दिन उसने अभी दफ़्तर का मुख्य दरवाज़ा भी बन्द नहीं किया था यह सोचकर कि वह एक पाठ पढ़कर बाहर खाना खाने जायेगा।

उसकी नींद तब खुली जब लोकेश ने उसे झँझोड़कर उठाया, "भैया उठ, माँ ने तेरे लिये आलू के पराठे भेजे हैं।"

योगी हक्का-बक्का-सा उठा। लोकेश को अपने से चिपकाते हुए उसे समझ आया कि दफ़्तर खुला पड़ा था और वह सो गया।

उसने लोकेश को वॉटर कूलर दिखाया और ठण्डा पानी पिलाया। लोकेश बहुत ख़ुश हो गया, "भैया तू तो अच्छा छूट गया, पिता जी का सारा लाल पीला सहने के लिए मैं और माँ रह गये।"

"अभी भी वैसे ही गुस्सा करते हैं।"

"और भी ज़्यादा। कहते हैं, चले जाओ तुम सब, मैं अकेला रह लूँगा।"

"तू पढ़-लिखकर बड़ा आदमी बनना लोकी। मुझे तो बाबू ने पढ़ने नहीं दिया। फ़ीस के लिए बाबू चिकचिक करें तो मुझे बताना, मैं भर दूँगा।"

"भैया खाना कैसा है?"

"बहुत स्वाद है। अरे मैं तो सारा खा गया, तुझे पूछा भी नहीं।"

"नहीं भैया मैं खाकर आया था। ठण्डा पानी पीकर मज़ा आ गया। एक ग्लास और पी लूँ।" लोकेश ने सफ़ाई से झूठ बोला। योगी की सुस्ती खुल गयी थी। उसने बाहर ले जाकर लोकेश को समोसे खिलाये और जाते हुए उसे दस का नोट दिया।

बड़ी देर तक योगी को भाई के आने की पुलक होती रही।

इसी तरह एक दिन योगी के पाँच दोस्त मिलने आ गये। शाहगंज से वे दो साइकिलों पर निकले, एक पर तीन सवारी बैठीं, दूसरी पर दो। तीन सवारी देखकर लाल बत्ती पर पकड़े जाने का खतरा था। वहाँ वे कुछ दूर पैदल चले, आगे बिजली-घर से वे फिर साइकिलों पर चढ़ चले।

शाम के साढ़े सात बजे थे। दफ़्तर अभी बन्द हुआ था। हॉल में ठण्डक थी। लेकिन योगी बाहर निकलना चाहता था। सारे दिन दफ़्तर की सूरत देखकर जी घबराने लगता। दोस्तों ने वॉटर कूलर का ठण्डा पानी पिया और बोले, "हमें इत्ता अच्छा दफ़्तर मिले तो कभी बाहर न निकलें, बस यहीं बैठे रहें।"

उस दिन योगी की जेब में पैसे थे। उसे आज ओवर टाइम मिला था। उसने कहा, "बाहर लल्ला की दुकान पर तुम्हें ऐसी चीज़ पिलवाऊँगा कि याद रखोगे।"

सूफ़ी ने कहा, "हम तुम्हारा ख़र्चा करवाने थोड़े ही आये हैं, योगी, चलो यहीं बैठते हैं।"

योगी नहीं माना। लल्ला पान शॉप में कोला के अन्दर चटपटा मसाला डालकर, नींबू निचोड़कर एक स्पेशल ठण्डा पेय मिलता था जिसकी शोहरत सारे शहर में थी। कोला के रेट में सिर्फ़ दो रुपये ज़्यादा लेकर लल्ला पानवाला एक गिलास कोला देता। दुकान के पिछवाड़े उसकी कोठरी में ही मसाला तैयार करने का काम होता। उसकी पत्नी और किशोरी बेटी पुनीता मिलकर मसाला बनाने का काम करतीं। लल्ला पानवाले का दावा था कि इस मसाले का नुस्ख़ा उसके सिवा और किसी के पास नहीं है, कोला कम्पनी के पास भी नहीं। वह कहता, "दो बार कोला कम्पनी के लोग उसकी दुकान पर आकर लल्ला ब्राण्ड कोला पीकर देख गये।" एक आदमी ने तो हिन्दी बोलकर लल्ला पानवाले से नुस्ख़ा भी माँगा। लल्ला ने मुँह नहीं खोला।

इलाहाबाद ठहरा क़िस्से-कहानियों का गढ़। इस घटना के पंख लगे और यह भी मशहूर हुआ कि जब लल्ला किसी तरह भी नुस्ख़ा बताने पर राज़ी नहीं हुआ तो

अमेरिकी कम्पनी के नुमाइन्दों ने लल्ला के सामने यह प्रस्ताव रखा कि वह उनके साथ अमेरिका चले। वे उसके नाम से ही नया ब्राण्ड शुरू कर देंगे। वे उसका घर डॉलरों से भर देंगे, उसकी बेटी की आगे की पढ़ाई का जिम्मा लेंगे। लल्ला बोला, "सरकार हम बीस साल से इस गुमटी पर, इसी तखत पर बैठे हैं; एक एक ग्राहक को उसकी आवाज़ से, बतियाव से पहचानते हैं, हम यह ठीया छोड़कर कहूँ नहीं जायेंगे।"

अमेरिकी ऐजेण्टों को गुस्सा आ गया। उन्होंने कहा, "मिस्टर लल्ला, अगर तुम्हें नहीं चलना तो समझ लो, हमारा भी हुकुम है, तुम कल से हमारे कोला में मसाला मिलाना बन्द करो। हम तुम्हारी शिकायत थाने में कर देंगे। पुलिस तुम्हें पकड़कर ले जायेगी।" वे अपनी लम्बी कार में वापस चले गये।

लल्ला को कोई फ़र्क़ नहीं पड़ा। वह एजेण्टों की घुड़कियों से ज़रा भी नहीं डरा। उसने ग्राहकों को सुनाकर कहा, "ये गोरे बन्दर हमको हमारे ही थाने की धमकी दे रहे हैं। अरे थाने के जितने हुक्काम और सिपाही हैं सब के मुँह मेरा शर्बत लगा है। बिना मसाले के यह मीठा पानी किस काम का!"

ऐसे क़िस्से के बाद लल्ला कोला में लोगों को और भी लज़्ज़त आने लगी। कोला की मिठास में मसालों और नीबू की तुर्शी तथा खटास का मिश्रण एक तरफ़ स्वाद का जादू जगाता, दूसरी तरफ़ पाचक का काम करता। अक्सर लोग रात का खाना खाने के बाद लल्ला पान शॉप का रुख़ करते। कोला पीते ही उन्हें लगता कि खाया-पिया हज़म हो गया है। वे सन्तुष्ट डकार भरते वापस जाते।

ऐसा नहीं था कि लड़कों को इन क़िस्सों की ख़बर नहीं थी। योगी के आतिथ्य में वे अटपटा महसूस कर रहे थे।

अजय ने कहा, "ऐसा है योगी, कटिंग चाय की तरह कटिंग कोला पी लेंगे। तीन में छह बन जायेंगे।"

योगी नहीं माना, "क़ायदे से तुम सब को खाना भी खाना चाहिए। मैं यहाँ चुन्नीलाल के ढाबे पर खाता हूँ। वहीं चलो।"

"नहीं नहीं" "भूख नहीं है" "घर में अम्मी इन्तज़ार करेंगी" जैसे प्रतिवादों से खाने का इरादा छोड़ना पड़ा।

लल्ला पान शॉप पर हमेशा की तरह भीड़ थी।

योगी ने छह कोला माँगे।

बड़ी फ़ुर्ती से लल्ला की बीवी ने ग्लास पकड़ा दिये। साइकिलों के सहारे टिककर वहीं कोला पिया गया।

'बहुत बढ़िया है', 'मान गये योगी', 'मुझे तो नशा चढ़ गया यार' 'वाह योगी वाह' जैसे उद्गार दोस्तों के मुँह से निकलते रहे।

योगी ने पैसे चुकता किये और दोस्तों को छोड़ने उनके साथ चल दिया।

अलग होने का मन नहीं हो रहा था। इस वक़्त योगी के लिए भोजन से भी ज़रूरी यह दोस्ती की ख़ुराक थी। उसे लगा न जाने कब से इन सब को देखने के लिए तरस रहा था।

दोस्तों को सिविल लाइन्स का खुला आसमान, चौड़ी सड़कें और झिलमिल रौशनी लुभा रही थी। उन्हें लग रहा था वे किसी और शहर में आ गये हैं।

फ़ैज़ी ने कहा, ''योगी यार हमें भी यहीं कहीं काम दिला दे तो दिन रात सिविल लाइन्स में रहें, खाना खायें न खायें बस लल्ला शॉप का मसाला कोला पिया करें।''

अजय ने उसकी पीठ पर धौल मारा ''यों बोल कोला के साथ कुछ और पी लिया क्या?''

फ़ैज़ी ने कहा, ''वो मारा, तूने भी देखा ना यार।''

''क्या देखा?'' योगी ने पूछा।

फ़ैज़ी ने सीने पर हाथ रखा और कहा, ''पानवाली तो शर्बत बाद में देती है। पहले पर्दे के पीछे से दो गोरी कलाइयाँ उसे गिलास थमाती हैं। इस मसाला कोला का असली मसाला पर्दे के पीछे है।''

''अरे वह पानवाले की लड़की पुनीता है, आठवीं में पढ़ती है।'' योगी ने बताया।

''तूने पटाया क्या?'' फ़ैज़ी ने पूछा।

योगी घबरा गया, ''यार ऐसी बातें मत कर, पिटवायेगा क्या? देखा नहीं, लड़की का बाप कैसा ज़ालिम छाप है।''

''मज़ा तो तभी है कि ज़ालिम की नाक के नीचे से तू लड़की ले उड़े।'' अजय ने जड़ा।

''यार तुम लागों को मसाला कोला का मसाला चढ़ गया है। पहली बार ऐसा ही असर होता है। मैं क़सम खाकर कहता हूँ मैंने उस लड़की की कभी शक्ल भी नहीं देखी।''

''क्या लड़की बुरका पहनकर स्कूल जाती है?'' सूफ़ी ने पूछा।

''सुबह झुण्ड-की-झुण्ड लड़कियाँ यूनिफॉर्म में निकलती हैं, उनमें क्या पता लगता है कौन पुनीता है कौन सुनीता!'' योगी ने बताया।

''हमसे उड़ रहे हो गुरू।'' फ़ैज़ी ने कहा और चलने के लिए साइकिल सीधी की।

योगी ने विदा देते हुए कहा, ''गली पड़ोस में चक्कर चलाना मतलब नौकरी से हाथ धो बैठना होता है, समझे यार।''

दोस्तों की बैठकी से आनन्द तो बहुत आया लेकिन अब योगी को महसूस हुआ कि बाहर उमस बहुत ज़्यादा है। खाना खाने की ख़ास इच्छा नहीं हुई। वह दफ़्तर

यानी अपने घर की तरफ़ बढ़ने लगा। दूर से ही उसे दिख गया कि दफ़्तर के फाटक पर दो ट्रालियाँ लदी खड़ी हैं। नयी छपी किताबों की खेप आयी थी।

योगी ने लपककर फाटक खोला। दफ़्तर में मेज़ की दराज़ से गोदाम की चाभी ली और ट्रालीवालों के साथ गोदाम चल दिया।

किताबों के बण्डल गिनकर उतरवाते, धरवाते रात के नौ बज गये। योगी को ट्रालीवालों से कम मेहनत नहीं पड़ी। तीनों पसीने-पसीने हो गये। ट्रालीवालों ने कहा, ''जोगी बेटवा अब तनी ठण्डी टंकी का पानी पिलवा दो तो हम जायँ।''

वापस दफ़्तर आकर योगी ने ट्रालीवालों को ठण्डा पानी पिलाकर, उनका हिसाब किया।

वह बेतरह थक गया। पसीने से कमीज़ तरबतर थी, उतारकर एक तरफ़ रखी।

योगी को लगा वह साहब के केबिन में एयरकण्डीशनर चलाकर थोड़ी देर पसीना सुखा ले।

उसने अपनी हिन्दी की पाठ्य-पुस्तक ली और केबिन में ए.सी. चलाकर बैठ गया। दो-चार मिनट तो कोई फ़र्क़ नहीं लगा फिर ठण्डक आनी शुरू हुई।

किताब के दो पन्ने पढ़ गया योगी पर कुछ समझ में नहीं आया। दोस्तों का हँसी-ठठ्ठा कानों में गूँज रहा था। फ़ैज़ी की बात दिल-दिमाग़ के दरवाज़ों पर खट-खट करने लगी। पुनीता की कलाइयाँ उसने भी देखी थीं पर उसकी सूरत का दीदार कभी नहीं हुआ। योगी झेंपू क़िस्म का लड़का था जिनमें ताकाझाँकी करने का साहस नहीं था। दो-एक बार उसने स्कूल की छुट्टी पर खड़े होकर ग़ौर करने की कोशिश की कि कौन लड़की लल्ला पान शॉप में घुसती है पर वह कभी कामयाब नहीं हुआ। दफ़्तर का काम कभी इतनी इजाज़त भी नहीं देता कि वह अपनी खोज पर ज़्यादा वक़्त लगाये।

जितनी बार वह पाठ पढ़े उसे समझ में ही न आये। किताब पर सिर झुकाये-झुकाये ही वह गहरी नींद में चला गया। नींद के साथ सपने भी आये। एक के बाद एक कई। सपने श्वेत श्याम नहीं, रंगीन थे। इनमें फ़िल्मों में देखी नायिकाएँ योगी के आगे पीछे नृत्य कर रही थीं। आश्चर्य कि किसी की भी सूरत साफ़ दिख नहीं रही थी, हाँ उनकी कलाइयाँ ज़रूर दिखीं। कुछ देर को सही, योगी भूल गया अपना शाहगंज अपना बदरंग मकान और पुरपेच गलियाँ।

●

संस्कृति

एक बार सूर्यसिंह को उत्तर प्रदेश के मुख्यमन्त्री पद की कुर्सी से हटना पड़ा। हटना नहीं चाहते थे पर मैडम ने हालात ऐसे बना दिये कि मजबूरन उन्हें इस्तीफ़ा देना पड़ा। पद से हटने के बाद सूर्यसिंह यह लतीफ़ा सुनाया करते थे।

पता है प्रधानमन्त्री रोज़ सुबह नाश्ते में क्या खाती हैं?

प्रधानमन्त्री नाश्ते में रोज़ सुबह एक मुख्यमन्त्री खाती हैं।

साहित्य-संस्कृति-भवन का भी बहुत कुछ यही हाल था। कोलकाता के बीचोबीच मुख्य सड़क पर स्थित भवन की विशाल इमारत और व्यापक परिसर ऊपर से पक्का लगते हुए भी अन्दर से खोखला होता जा रहा था। साहित्य संस्कृति-भवन से दिन पर दिन साहित्य और संस्कृति दोनों ग़ायब होती जा रही थीं। बस भवन ही भवन बचा था, वह भी इसलिए क्योंकि यहाँ के कर्मचारी स्वभावतः आज्ञाकारी थे। दरअसल ये हालात के मारे चन्द शरीफ़ लोग थे। इनमें निदेशक, सम्पादक, मैनेजर और लेखपाल के अलावा सहायक सम्पादक, स्टेनो, विक्रय अधिकारी और पुस्तकालयाध्यक्ष तो थे ही एक दर्जन चपरासी और सुरक्षा कर्मचारी भी थे। कार्यकर्त्ता और सेवक वर्ग की संख्या से प्रतीत होता जैसे यह काफ़ी बड़ा प्रतिष्ठान है। सेवक वर्ग बाकायदा गणवेश में ड्यूटी पर आता और संस्कृति-भवन सप्ताह में सातों दिन खुला रहता। पहली बार देखनेवाले की पकड़ में इसका पिलपिलापन नहीं आता, इसी पर इसकी छवि टिकी हुई थी। साहित्य-संस्कृति-भवन का रखरखाव अत्यन्त उच्चस्तर का था। फाटक के अन्दर प्रवेश करते ही अजन्ता एलोरा साथ-साथ चलते। प्रांगण में चोल वंश। सभागार, सभाकक्ष में राजा रविवर्मा से लेकर जे. स्वामिनाथन और हुसैन तक, सब अद्‌भुत और अपूर्व था। कला और संस्कृति की मंजूषा था यह संस्कृति भवन। आपादमस्तक भारतीयता में डूबा हुआ। जगह-जगह रखे टैराकोटा के घोड़े, हाथी और मोर देखकर आगन्तुक अभिभूत हो जाता। अपने घर के ताक पर रखे प्लास्टिक के डोनाल्ड डक और मिकीमाउस याद कर वह गहरी ग्लानि में डूब जाता। उसे लगता उसका ही नहीं उसके बच्चों का भी दिमाग़ प्रदूषित हो चुका है। उसने कभी क्यों नहीं सोचा घोड़े, हाथी और मोर के विषय में!

बायें हाथ को लम्बी कला दीर्घा के बीचोबीच अतिथि-कक्ष बने हुए थे। उनमें ठहरने के लिए तगड़ी सिफ़ारिश लगवानी पड़ती। अतिथि को शपथ-पत्र भरना पड़ता जिसके नियम कुछ इस प्रकार थे—अतिथि भारतीय साहित्य का प्रसिद्ध विद्वान् हो। यहाँ आवास करते हुए वह न तो सामिष भोजन कर सकता था न मद्यपान। धूम्रपान की मनाही के बोर्ड भवन की हर दीवार पर लगे थे। पानमसाला और तम्बाकू खाने पर भी प्रतिबन्ध था। ऐसे संयत, सात्त्विक और अनुशासनप्रिय साहित्यकारों को ये कमरे पहले निःशुल्क मिला करते थे। किन्तु अब बिजली पानी के भीषण कर और महँगाई को देखते हुए कुछ किराया निर्धारित कर दिया गया था। लेकिन इतने शरीफ़ कलाकार व साहित्यकार विरले ही होते। कोई पान का शौक़ीन होता तो कोई सुरापान का। किसी का गुज़ारा गोश्त के बिना न चलता तो कोई अपनी लैला के वग़ैर ठहरना गवारा न करता। इस पर भी बन्दिश थी। शपथ-पत्र में यह भी लिखा था कि पत्नी के अतिरिक्त आपके साथ भवन के अतिथि-कक्ष में अन्य कोई महिला नहीं रह सकती।

साहित्य-संस्कृति-भवन के अध्यक्ष बाबूलाल महेश्वरी पेशे से व्यवसायी और प्रकृति से समाज सुधारक थे। ये लड़कपन में ही राजस्थान छोड़कर कलकत्ते आ गये। इनके बारे में प्रसिद्ध था कि इनके पिता और चाचा जब राजस्थान से चले तो पूँजी के नाम पर इनके पास सिर्फ़ लोटा और डोर थी। एक और चीज़ उनके पास थी—दसवीं तक की शिक्षा और मेहनत की लगन। इन्हीं के कारण वे बड़े नगरसेठों की मुनीमी कर व्यापार के गुर सीखते गये। उस ज़माने में अंग्रेज़ों की बड़ी-बड़ी कम्पनियाँ पाट का व्यापार करती थीं। हिम्मत कर इन्होंने स्वयं निर्यात का काम हाथ में लिया। इनका खरा व्यवहार व्यापारियों को पसन्द आया और ये शहर के प्रमुख पटसन व्यवसायी बनते गये।

बाबूलाल ने कॉमर्स से मास्टर्स डिग्री पाने के बाद कुछ वर्ष व्यवसाय किया। उन्होंने देखा व्यापार का संजाल पिता और चाचा ने बखूबी सँभाल रखा है। उन्होंने सुझाव दिया कि कलकत्ते में फैले हिन्दी समाज की संस्थाओं का विकास करना भी एक ज़रूरी काम है।

'धन आप कमाओ, यश मुझे कमाने दो' बाबूलाल ने कहा।

उनके घरवाले जानते थे कि जितना धन उन्होंने कमा लिया है, वह उनकी सात पीढ़ियों तक भी ख़त्म न होगा। उन्होंने अपने इकलौते पुत्र को स्वाधीन छोड़ दिया था। बाबूलाल ने पहले कार्यकर्त्ता की हैसियत से और बाद में संरक्षक के पद से, छोटी बड़ी उनचास संस्थाओं का ज़िम्मा अपने ऊपर ले रखा था। समाज में उनकी प्रतिष्ठा थी। किसी बात में लाग-लपेट उन्हें पसन्द नहीं थी! वे सीधे काम की बात पर आते। संस्थाओं की निधि को वे पावन मानते। किसी को अमानत में ख़यानत करते देखते

तो उन्हें बहुत गुस्सा आता। वे भरपूर प्रतिकार करते और अगर उनका प्रतिकार कारगर न होता तो संस्था से अपने को अलग कर लेते। उनके अन्दर तेजस्विता के साथ साथ हठधर्मिता थी। पिछले निदेशक से उनकी इसी बात पर ठन गयी थी कि वे उन्हें संस्कृति भवन में होनेवाली गतिविधियों की अग्रिम जानकारी देने से परहेज़ करते। महेश्वरी जी कहते, "अक्टूबर में गाँधी जयन्ती पर कोई व्याख्यान रखवाइये।" निदेशक मान्धाता जी कहते, "व्याख्यान सुनने कौन आता है। फिर आप कहेंगे हॉल खाली क्यों पड़ा है?" महेश्वरी जी तमक जाते, "वह तो मैं अवश्य कहूँगा। आप बीस हज़ार महीना वेतन भी लेंगे और हॉल भी नहीं भरेंगे।" वे अपनी तर्जनी मान्धाता जी की नाक के सामने नचाते हुए कहते, "ऐसा मैं हरगिज़ बरदाश्त नहीं करूँगा।" महेश्वरी जी कैलेण्डर के हिसाब से गतिविधियों का आयोजन चाहते। मान्धाता जी सुविधानुसार आयोजन करते। साहित्य संस्कृति-भवन की मासिक पत्रिका 'प्रतिभा' को लेकर भी खींचतान मची रहती। प्रतिभा साहित्य-प्रधान पत्रिका थी। उसमें सामान्य रुचि की सामग्री नहीं खप पाती। कार्यकारिणी समिति के सदस्य प्रायः भुन-भुन करते कि भवन की पत्रिका नीरस और उबाऊ है। मान्धाता जी की हेकड़ी थी कि वे दोयम दर्ज़े की रचनाएँ नहीं छापेंगे। महेश्वरी जी कभी किसी बाँग्ला कहानी का अनुवाद भेजते तो कभी राजस्थान कहानी का। मान्धाता जी बिना पढ़े उसे लौटा देते। इन्हीं बातों से कुपित होकर महेश्वरी जी ने संस्कृति-भवन आना बन्द कर दिया।

कहा जाता है कि पिछले निदेशक को मन्त्री की शह थी इसलिए वे अध्यक्ष की उपेक्षा करते थे। साहित्य संस्कृति-भवन की मन्त्री सुषमा अग्रवाल का यों तो अध्यक्ष से अच्छा सम्बन्ध था पर सभी मन्त्रियों की तरह उन्हें राजनीति के खेल में मज़ा आता। इसीलिए वे अपने लिये सचिव की बजाय मन्त्री सम्बोधन पसन्द करतीं। मन्त्री शब्द से उनकी कल्पना सीधे प्रधानमन्त्री बनने का सपना देखने लगती।

साहित्य संस्कृति-भवन की मन्त्री सुषमा अग्रवाल असाधारण आकर्षण और अग्रगामिता से भरी महिला थीं। तन्वंगी इतनी कि लगता मानो उनका वज़न 100 ग्राम से अधिक न होगा। अलग-अलग देखने पर उनके नयन-नक्श सुन्दर नहीं कहे जा सकते थे पर समग्र रूप से वे इतने सुन्दर थे कि वे आदर्श लगतीं। वर्षों से मंच पर बोलने के कारण उनकी आवाज़ में सहज नाट्य का पुट आ गया था। वार्त्ता में कहाँ पॉज़ देना है, कहाँ आवाज़ ऊँची करनी है, कहाँ दबानी है, वे बख़ूबी जानतीं। उनके काले, चिक्कन केशों से उनकी उम्र का ज़रा भी अन्दाज़ नहीं लगता। लम्बे बाल आगे से घुँघराले थे लेकिन कमर से नीचे नितम्बों तक जाते हुए सीधे हो जाते। उनका शृंगार सादगी भरा होता। साड़ियाँ हलके रंगों की, क्रीम, स्लेटी,

टैन और नीलाभ। ढाकाई साड़ियों की नज़ाकत सुषमा की नज़ाकत से स्पर्द्धा करती दीखती। ये साड़ियाँ किसी भी दुकान में उपलब्ध नहीं होतीं। सुषमाजी की साड़ियों की सप्लाई सीधी उन कारीगरों-बुनकरों के पास से आती जो साल में दो बार अपनी कलात्मक चीज़ें बेचने भवन पर आते। इन्हीं बुनकरों से भवन में वे अंगवस्त्रम् भी खरीदे जाते जो उत्सव-आयोजन में कलाकारों, रचनाकारों को ससम्मान उढ़ाये जाते। कुछ क्षण को कलाकार का सिर विनम्रता में नबता फिर गर्व से तन जाता। रेशम की माला, चन्दन का तिलक, चाँदीमण्डित श्रीफल, प्रशस्ति-पत्र, प्रतीक चिह्न, फाइल, फाइल के अन्दर पार्कर पेन, कीमती अंगवस्त्रम्—मंच पर एक-एक कर जब यह सम्पदा, नगर के नामी-गिरामी उद्योगपतियों के हाथों कलाकार अथवा रचनाकार को अर्पित की जाती, एकबारगी उसे लगता भाग्य का खुल जा सिमसिम इसी को कहते हैं। मंच को पुष्प, अगरु और चन्दन की शोभा-सुगन्ध से नहला दिया जाता। सुषमाजी माहौल बनाने में निष्णात थीं! उन पर जैसे नशा छा जाता। वे अपने मरियल से मैनेजर से शीरीं ज़ुबान में कहतीं, ''बोस दा, बस आज के जलसे की इज्ज़त रख लीजिये, कल आप जो कहेंगे मैं कर दूँगी।''

बोस दा रिटायर होने के बाद यहाँ काम पर लगे थे। जैसे सभी रिटायर्ड लोगों की आदत होती है, वे भी दौड़-दौड़कर आदेशानुसार काम करते। दिन के किसी टुकड़े में अगर उनके पास काम न होता तो वे बड़ा असुरक्षित महसूस करने लगते। व्यस्त दिखने की ख़ातिर वे दो चपरासियों को साथ लेकर, हॉल में जाकर पर्दे उतरवाने और फिर से लगवाने लग जाते। अधेड़ हो जाने के बावजूद वे चालाकी नहीं सीख पाये थे। सुषमा अग्रवाल के हर निर्देश पर वे सरपट दौड़ जाते। रातों में उन्हें स्वप्न भी कुछ ऐसे ही आते। वे देखते मन्त्री जी ने उन्हें पुकारकर कहा है, ''बोस दा ज़रा हिमालय पर्वत के शिखर से मुझे भोज-पत्र ला दीजिये। इस बार मैंने सोचा है विद्वानों को, भोजपत्र पर लिखकर प्रशस्ति-पत्र प्रदान करूँगी।'' बोस दा अपना पिट्ठू-थैला लेकर चले गये हैं और महज़ चार दिन में भोजपत्रों से भरी ट्रक लेकर लौटे हैं। कभी उन्हें सपना आता कि भवन के तरणताल में तैरते हुए मन्त्री डूबने लगी हैं। वे छप् से पानी में कूदकर उन्हें बचा लेते हैं। कभी सपने-ही-सपने में बिस्तर में ज़्यादा उचक जाते तो उनकी सुन्दर, सलोनी पत्नी उन्हें कन्धे से हिलाकर पूछती, ''की हौलो, केमन आच्छो?'' (क्या हो गया, कैसे हो?) वे पत्नी को थपककर मुस्कुरा देते और करवट बदलकर सोने की कोशिश करते।

सुषमा की शख़्सियत का जादू इसी तरह सिर चढ़कर बोलता प्रतिवर्ष भवन देश के चुने हुए साहित्यकारों को सम्मानित और पुरस्कृत करता। कलकत्ता महानगरी की भव्यता और भवन के आयोजन की अद्वितीयता, फिर थोड़ी-बहुत नगद-राशि, भवन का अतिथि-सत्कार मिलकर साहित्यकार को जीते जी स्वर्ग की झलक दिखला

देता। ऊपर से सुषमाजी की भुवनमोहिनी मुस्कान, उनकी दबी-दबी सेक्सी आवाज़ साहित्यकार पर चार पैग का नशा चढ़ा देती। साहित्यकार ठहरे भोले भाले जीव। उन्हें लगता साहित्य की इस पारखी के लिए वे अपनी समस्त पुस्तकें अर्पित कर दें। पुरस्कार की अगली सुबह वे अपनी पुस्तकों का बण्डल लेकर भवन के विशेष कक्ष में जाते, मन्त्री से मुलाकात करने।

सुषमा अग्रवाल अगले आयोजन की रूपरेखा बनाने में व्यस्त मिलतीं। वह अपने द्वारा सम्मानित लेखक को पहचान भी न पातीं। वे किंचित् रुक्ष स्वर में कहतीं 'बैठिये।' फिर वहीं से दहाड़तीं "बोस दा, यहाँ कॉफी और सन्देश भिजवाइये।" मन्त्री को कोई ज़रूरी काम याद आ जाता। वे बाँग्ला में बोस दा को निर्देश देतीं कि वे उनके कार्यालय में बैठकर विद्वान् के साथ कॉफी पियें और उन्हें शीघ्र विदा करें। इस सबके बावजूद अगर लेखक अपनी पुस्तकें उन्हें पकड़ा ही देता, वे खड़ी होकर श्रद्धा से पुस्तकों को मस्तक से छुआतीं, आभार व्यक्त करतीं और कहतीं, "मैं अवश्य पढ़ूँगी, आज ही शुरू करूँगी।"

लेखक के विदा होते ही वे अपने कार्यालय में पुनः प्रकट होतीं। मेज़ पर किताबों का ढेर देख उनके नाज़ुक माथे पर दो त्योरियाँ पड़तीं। वे चिढ़ी हुई आवाज़ में कहतीं, "तारकेश्वर को बुलाकर कहो, मेरे ऑफ़िस से सारा कचरा हटाये। मेरी मेज़ एकदम साफ़ होनी चाहिए।"

किताबों को लेकर वे इतनी ईमानदार थीं कि भेंट में मिली हर क़िताब पुस्तकालय में भिजवा देतीं। नगर के बड़े सेठ भी जब-तब भवन-पुस्तकाल्य में पुस्तकें भेजते। कई बार उनके मकानों की आन्तरिक गृह-सज्जा में परिवर्तन करते समय पुरानी किताबों का विस्थापन किया जाता। भवन-पुस्तकालय इस क्रम में समृद्ध होता जाता। लेकिन पुस्तकालयाध्यक्ष तारकेश्वर फिर भी नाराज़ बना रहता। वह निदेशक से कहता, "भवन में बारह साल से एक भी पैसे की किताब नहीं ख़रीदी गयी है। लोग अपना कूड़ा यहाँ भेज देते हैं। सब बेकार माल है।"

नवीन गम्भीर मुखमुद्रा बना लेता, "मैं पता लगाऊँगा ऐसा क्यों है। आख़िर पुस्तकालय के लिए तो अलग बजट होगा?"

तारकेश्वर अपना सोने का इकलौता दाँत चमकाकर हँस देता, "यहाँ किसी मद में कोई भजट नहीं है। आप क्या पता लगायेंगे? आप आज हैं, कल नहीं हैं। मेरी बाईस साल की सरभिस है। अब तक मैं अगारह निदेशक देख चुका हूँ। मगरमच्छ से बचकर रहिये, यही मेरा आपको एडभाइस है।"

यह भी भवन की फ़ितरत थी। यहाँ सब कर्मचारी प्रबन्ध-तन्त्र के ख़िलाफ़ खुलकर बोलते लेकिन कोई भी उत्सव, आयोजन होने पर भाग-भागकर काम करते। उनका कर्त्तव्य-पक्ष उनके तर्क-पक्ष पर हावी रहता। इसीलिए भवन का कार्यव्यापार चल रहा था।

दरअसल साहित्य-संस्कृति-भवन का न्यास काफ़ी शक्तिशाली था। नगर के प्रसिद्ध उद्योगपति, पूँजीपति और भूपति इसके न्यास-मण्डल और कार्यकारिणी के सदस्य थे। नगर का यह वणिक्-वर्ग पूँजी के साथ प्रतिष्ठा अर्जित करने का भी अभिलाषी था। मन्त्री के बुलावे पर जब वे बैठक में आते उन्हें अपने पर सहज अभिमान होता कि देश का न केवल पटसन, लोहा, सूत, रेशम और कारबन बल्कि साहित्य, संस्कृति और कला भी उनकी मुट्ठी में है। उनकी राय के बिना यहाँ न कोई पुरस्कृत होता है न सम्मानित। उनके पास समय और धैर्य का नितान्त अभाव था लेकिन इक्कीसवीं सदी की हवा वे पहचान रहे थे जिसमें विभिन्न कलाएँ भी बाज़ार में अपने पैर जमा रही थीं। पुरुषोत्तम कानोडिया हैरानी प्रकट करते, ''लो बोल्लो, सन् 1965 में मक़बूल फ़िदा हुसैन, हज़ार रुपये में पूरी दीवार रंग देता था, आज जरा-सी तस्वीर के बीस लाख लेने लगा।''

सुषमाजी संशोधन करतीं, ''भाईजी विदेशों में तो एक करोड़ मिलता है उन्हें।''

''बाप रे इसका मतलब और भी दाम चढ़ सकता है इसका?''

''बिलकुल!''

पुरुषोत्तम जी ठान लेते कि अगला काम हुसैन को हासिल करना है। वैसे भी यह पूँजी निवेश का समय था। सब धन्ना सेठ इस उम्मीद में छोटी कम्पनियों में निवेश कर रहे थे कि भविष्य में इन कम्पनियों को पूरी तरह निगल लें। बड़े आदमियों के पास इफ़रात पैसा था। वे देश की हर जिन्स पर कब्ज़ा करना चाहते। उन्होंने बड़े-बड़े स्टोर, भवन, होटल, सिनेमा और अन्य व्यवसाय तो अपनी कुर्सी की गद्दी के नीचे दाब ही लिये थे, अब वे साहित्य, संस्कृति और कला पर भी हक़ चाहते थे। यह क्या कि ये तीन दुनियाओं के जीव अपने को स्वायत्त, स्वतन्त्र और समर्थ समझते रहें।

उनके सलाहकारों ने समझाया, ''इन तीनों पर कब्ज़ा करना उतना आसान नहीं। पहली बात तो इनकी कोई यूनियन नहीं जिसे आप ख़रीद डालो। दूसरे इनमें ज़्यादातर बड़े मरजीवड़े क़िस्म के कलाकार हैं, मिट जायेंगे पर बिकेंगे नहीं। इस दुनिया में आप न घुसो तो अच्छा।''

धन्ना सेठों को ऐसी सलाह गवारा न हुई। मामला उनकी अकड़ या अहम् का नहीं था। उन्हें लगता हमने अपने पैसों से यह साहित्य संस्कृति-भवन बनाया है फिर हम नहीं तो कौन तय करेगा कौन चीज़ कै पसेरी। नाच गाना, तस्वीर, मूर्ति, काठ के खिलौने, काँसे के बर्तन विश्व बाज़ार की मण्डी में ऊँचे दाम हासिल कर रही थीं। कौन जाने कल को साहित्य का इससे भी ऊँचा दाम लग जाय। इसी उम्मीद में वे अपनी पूँजी का एक छोटा हिस्सा इस संस्कृति-भवन में लगा देते।

भवन की मासिक पत्रिका 'प्रतिभा' को विज्ञापन इसी तर्क से मिल रहे थे। 'प्रतिभा' के अन्तिम आवरण-पृष्ठ पर कभी सीमेण्ट, कभी साबुन, कभी चायपत्ती और

कभी घी का बहुरंगी विज्ञापन छपा मिलता क्योंकि बारी-बारी से सभी सदस्य अपने प्रतिष्ठान के विज्ञापन के प्रकाशनार्थ दस हज़ार रुपये का चेक भवन को देते।

नया निदेशक जिसका नाम ही नवीन पाण्डेय था, सेठों के दिल-दरिया से अभिभूत हो जाता। वह बहुत परिश्रम से पत्रिका के लिए बेहतरीन सामग्री जुटाता। नवीन की कोशिश रहती कि समकालीन लेखन की समस्त प्रवृत्तियों को पत्रिका में मंच मिले। इधर युवा लेखक कहानी में कुछ बोल्ड क़िस्म के प्रयोग कर रहे थे। कहानी में सिने पटकथा के प्रभाव भी देखने को मिल रहे थे। लेखों में पश्चिम के विचार समावेश पा रहे थे। इकहरा लेखन बड़ी तेज़ी से ख़ारिज होता जा रहा था। इन सब धाराओं पर नवीन अपनी पकड़ रखता। 'प्रतिभा' उल्लेखनीय बनती जा रही थी। अन्य पत्रिकाएँ उसका नोटिस लेने लगी थीं।

सुषमाजी 'प्रतिभा' की ख्याति और लोकप्रियता से प्रसन्न होतीं लेकिन प्रतिभा के साथ-साथ उसके सम्पादक का भी नाम हो यह उनकी बर्दाश्त से परे था। बचत के ख़्याल से उन्होंने निदेशक को ही सम्पादक बना रखा था लिहाज़ा नवीन पाण्डेय का नाम पत्रिका में जाता। मेहनत भी वही करता। अध्यक्ष और मन्त्री का सुझाव था कि पत्रिका एक व्यक्ति के नाम से नहीं, एक टीम के नाम से जानी जाय। कार्यकारिणी में यह प्रस्ताव पारित कर उन्होंने कुछ सदस्यों के नाम सम्पादक-मण्डल में डलवा दिये। नवीन को कोई फ़र्क़ नहीं पड़ा। काम, अभी भी, उसे ही देखना था। मन्त्री हर माह आन्तरिक बैठक में यह बताना न भूलतीं कि 'प्रतिभा' के प्रकाशन, विक्रय और वितरण से भवन को प्रतिवर्ष दो लाख का घाटा होता है। इसमें से एक लाख बीस हज़ार वह विज्ञापनों से पूरा करती हैं तब भी अस्सी हज़ार के नीचे उनका हाथ दबा रहता है। नवीन पाण्डेय हर मीटिंग के बाद कुछ और असुरक्षित होकर निकलता। वह दुगनी मेहनत से भवन के काम में लग जाता। इस घाटा-बैठक का एक परिणाम यह था कि नवीन कभी ज़ोर देकर लेखकों का मानदेय बढ़ाने की बात नहीं कर सका।

साहित्य-संस्कृति-भवन-जैसी हर संस्था की नींव में कुछ शाश्वत क़िस्म के मूल्य और आदर्श लगे हुए होते हैं जिनके कारण वे वर्तमान सुनामी झटके झेल जाते हैं। शहर में कुछ वयोवृद्ध लोग अब भी मिल जाते हैं जो संस्कृति-भवन के संस्थापक-द्वय अजुध्याप्रसाद और मनोरथ को याद कर लेते हैं।

अस्सी साल की उम्र में एक दिन अजुध्याजी को सूझा कि हिन्दी के लिए कुछ किया जाय। राजस्थान से आकर इस अनजाने देश में उन्होंने रेशम और चाय के व्यापार में अरेरन कमाया। तीन अट्टालिकाएँ बनवा लीं, बड़ा बाज़ार, लॉर्ड सिनहा रोड और अलीपुर में। दो कार्यालय जमा लिये चौरंगी और चौबीस परगना में। इतना पैसा बैंक में डाल लिया कि बच्चे कुछ भी न करें तो ठाठ से रहें। अजुध्याजी ने देखा कलकत्ते में बाँग्ला भाषा और साहित्य के लिए बाँग्ला सरकार ने भरपूर विकास

कार्य किया। अंग्रेज़ी के लिए अंग्रेज़ सरकार पहले ही बहुत-कुछ कर गयी थी। सिर्फ़ हिन्दी थी जो इस महानगर में रिक्शेवालों, टैक्सीवालों, पानवालों और कुलियों की बोली के रूप में व्याप्त थी। उसे साहित्यिक महत्त्व देने का काम अभी बाक़ी था।

अजुध्याजी ने अपने अभिन्न मित्र मनोरथ से बात की। मनोरथ बोले, यह काम हवा में तो होगा नहीं। पहले एक ठोस आधार बनाओ तो लोग बात सुनें। अजुध्याजी ने विचार किया "संस्था का आधार दो बातों पर होता है संकल्प और साधन। संकल्प तो मैंने ले लिया। साधन तो भैया मिल-जुलकर ही जुटेंगे।"

"कहो क्या करने को कहते हो, वही किया जाय।"

अजुध्याजी बोले, "जो महामना मदन मोहन मालवीय ने बनारस विश्वविद्यालय बनाने के लिए किया, वही करें यानी हर घर से एक-एक रुपया माँगना शुरू करें। साल भर में भवन की नींव पड़ जाय।"

अजुध्याजी की बड़ी बहू और बेटे ने समझाया, "अब आपकी उमर हो गयी। काँपते पैरों से घर-घर जाकर झोली फैलाकर भीख माँगते अच्छा लगेगा क्या?"

अजुध्याजी तमक गये, "उसमें से हम चवन्नी भी बचायें तब कहना।"

बच्चों ने मनोरथ को समझाया, "चाचाजी आप ही मान जाइये। न आप साथ दें न ये हिम्मत करें।"

मनोरथ अपनी तरह के अड़ियल थे। उनके घरवालों ने जितना समझाया उतना ही उनका संकल्प पक्का होता गया।

नगर के आम और ख़ास ने दिल खोलकर दान देना चाहा। अजुध्या और मनोरथ ने कानों को हाथ लगाया, "बस एक रुपया लेंगे, ज़्यादा न कम।"

ज़मीन की मुश्किल ऐसे हल हुई कि एक और हिन्दी-प्रेमी आ मिले इनसे। बोले, "मेरी बिल्डिंग के आगे इतनी ज़मीन पड़ी है। एक कोने में तुम भी डाल लो हिन्दी की कुटिया। हिन्दी का भला तो सबका भला।"

आरम्भ से अन्त तक, सारी योजना ईंट-दर-ईंट पूरी की गयी। केवल इतना संशोधन किया कि विद्वानों के सुझाव पर साहित्य संस्कृति-भवन को सिर्फ़ हिन्दी तक सीमित न रख, समस्त भारतीय भाषाओं के लिए उसका द्वार प्रशस्त कर दिया। हिन्दी शब्द के प्रयोग का सन्तोष उन्हें इस प्रकार मिला कि बाक़ी बचे कोष से उन्होंने पाँच सौ रुपये, शान्ति निकेतन में हिन्दी-भवन के निर्माण के लिए गुरुदेव रविबाबू के हाथ में रख दिये। इस प्रकार बंगाल में हिन्दी बाँग्ला में बहनापा पड़ गया। संस्कृति-भवन में जितने कार्यक्रम होते, उनमें बाँग्ला, उड़िया, असमिया, मणिपुरी और अन्य भाषाओं के कार्यक्रमों की संख्या कम न होती।

जीते जी अजुध्याजी और मनोरथजी भाषा, साहित्य और संस्कृति के विकास में लगे रहे। दोनों ने अच्छे साहित्य के लिए वार्षिक पुरस्कारों की स्थापना की।

ये सब स्वाधीनता से पहले की घटनाएँ थीं। इनमें हिन्दी की प्रमुखता इस वजह से थी कि हिन्दी आज़ादी की लड़ाई का अहम् हथियार थी। संस्कृति-भवन परिसर में अजुध्याजी अंग्रेज़ी का एक भी शब्द इस्तेमाल न होने देते। अगर किसी के मुँह से कभी अंग्रेज़ी का शब्द निकल जाता तो वे भड़क जाते, "मैं कहता हूँ भलेमानस क्या हिन्दुस्तान की इतनी बोली-बानियों में तुझे एक भी शब्द नहीं मिला जो अपनी ज़ुबान गन्दी की। फिर वे शब्दकोश लेकर बैठ जाते। अगर अपनी ज़ुबान से कभी अंग्रेज़ी का इस्तेमाल हो जाता तो पूरे दिन का मौनव्रत रखते। वे बार-बार महात्मा गाँधी को याद करते, "यह डेढ़ पसली का आदमी हर भारतवासी के दिल में घुसकर बैठ गया, इस हिन्दी के सहारे।"

उनके जीवनकाल में साहित्य संस्कृति-भवन ने बहुत प्रतिष्ठा अर्जित की। भवन द्वारा प्रकाशित ग्रन्थों, पत्रिकाओं और शोध-पत्रों का अच्छा खासा संग्रह हो गया। विश्व भर की भाषाओं के कोश वहाँ के पुस्तकालय में पाये जाते थे। दोनों संस्थापकों की कामना रहती कि देश-विदेश के विद्वान् संस्कृति-भवन में आकर रुकें और अपने अध्ययन और अनुसन्धान से संस्था का नाम रोशन करें।

उनके जीवनकाल में ही संस्कृति-भवन की कार्यकारिणी-समिति का गठन और नियमावली का निर्धारण हुआ था। राजस्थान के कई प्रमुख पूँजीपति इस कार्यकारिणी में संकटमोचक की भूमिका में रखे गये। नीयत यह थी कि अगर संस्कृति-भवन की न्यास-निधि में कभी टोटा पड़ जाय, दान-राशि के स्रोत सूख जायँ अथवा संस्कृति-भवन का व्यय-भार बढ़ जाय तो ये बड़े लोग इन छोटे-बड़े गड्ढों को सँभाल ले जायँ। इनमें एक चाय-सम्राट था तो दूसरा चीनी-सम्राट। एक पूँजीपति इस नगर और भारत के अन्य नगरों में सिर्फ़ उड़नपुल बनवाता था। एक सेठ का चावल निर्यात करने का व्यवसाय था और एक कला-वीथी का मालिक था। दो-तीन महिलाओं का चयन भी कार्यकारिणी में हुआ था जिनमें केवल सुषमा अग्रवाल नियमित आती थीं क्योंकि शेष दो मधुमेह और गठिया से ग्रस्त थीं।

यह बात सबकी समझ में आने लगी थी कि कार्यकारिणी का प्राण-तत्त्व दो सदस्यों से निर्मित हो रहा था। एक, सिद्धान्तवादी बाबूलाल महेश्वरी तो दूसरी सुषमा अग्रवाल। बैठकों में विचार-विमर्श के दौरान यह स्पष्ट हो जाता कि दोनों अपने सोच-विचार में दो ध्रुव हैं लेकिन अजुध्याजी का मानना था कि संस्था को दोनों ध्रुवों की ज़रूरत है। परिणाम यह था कि किसी भी कार्यक्रम की सैद्धान्तिकी बाबूलाल देखते और व्यावहारिकी, सुषमा। कभी दोनों में खटक जाती। ऐसे में सुषमा तुरन्त कमर तक झुककर बाबूलालजी को प्रणाम कर क्षमायाचना कर लेतीं। उनकी विनम्रता उनकी व्यावहारिकता का एक हिस्सा थीं अथवा संवेदनशीलता का, यह तय नहीं किया जा सकता था। कार्यकारिणी के बाकी सदस्य संस्था के सभी झमेलों को इनके सुपुर्द कर चैन से व्यापार करना चाहते थे। वे संस्था से जुड़े रहना चाहते थे पर विवादों

से दूर। साहित्य संस्कृति-भवन का अस्तित्व उनके जीवन में एक भुनगे के समान था।

समस्त योजना का यही प्रस्थान-बिन्दु था। बाबूलाल महेश्वरी और सुषमा अग्रवाल के लिए साहित्य संस्कृति-भवन जीवन का ज़रूरी सवाल था। दोनों के दृष्टिकोण में यह अन्तर था कि महेश्वरीजी सोचते कि अगर साहित्य संस्कृति-भवन न रहा तो नगर में भारतीय भाषाओं और साहित्य का क्या होगा जबकि सुषमा अग्रवाल सोचतीं अगर साहित्य संस्कृति-भवन न रहा तो मेरा क्या होगा। वे सुबह से लेकर आधी रात तक संस्कृति-भवन की चिन्ता में अपने मोबाइल फ़ोन से चिपकी रहतीं। वे देश-विदेश के विद्वानों से सम्पर्क साधतीं। उन्हें लगता साहित्य संस्कृति-भवन बिग बाज़ार की तरह 24 × 7 खुला रहे, इसका स्टेज कभी सूना न रहे, इसका सभागार अतिथियों से भरा रहे, इसका नाम दिग्-दिगन्त में गूँजता रहे। महेश्वरीजी चाहते संस्कृति-भवन का नव-नियुक्त निदेशक खटाखट विद्वत्तापूर्ण साहित्यिक ग्रन्थ सम्पादित करे, अखिल भारतीय व्याख्यानमालाएँ आयोजित कर उनके संकलन निकाले और संस्कृति-भवन के पुरस्कारों की प्रतिष्ठा सातवें आसमान पर पहुँचा दे।

साहित्य संस्कृति-भवन में संगोष्ठियाँ होती रहतीं। बाहर का कोई साहित्यकार नगर में पधार रहा है तो संगोष्ठी, नगर का कोई साहित्यकार बाहर जा रहा है तो संगोष्ठी। शनिवार अड्डा हर सप्ताह। भवन का सभागार अपने और बाहर के कार्यक्रमों के आयोजन में प्रतिदिन चार बार रिज़र्व रहता। हर साल सभागार के किराये में वृद्धि कर दी जाती फिर भी उसकी बुकिंग में कोई कमी न आती। लोग ख़ुशी-ख़ुशी किराया चुकाते और तीन घण्टों के लिए सभागार लेते। कई बार भवन को अपने आयोजन छोटेवाले सभाकक्ष में करने पड़ जाते क्योंकि सभागार आरक्षित रहता।

देश के किसी भी कोने में, किसी भी भाषा का कोई साहित्यकार दिवंगत हो जाता तो साहित्य संस्कृति-भवन उसकी स्मृति में श्रद्धाञ्जलि सभा का आयोजन करता। कभी ऐसा दुर्योग पड़ता कि एक महीने में तीन-चार श्रद्धाञ्जलि सभाएँ करनी पड़ जातीं। इन आयोजनों से नवीन के दिल-दिमाग़ पर उदासी की परत चढ़ जाती। संस्कृति-भवन के सदस्यों की भागीदारी श्रद्धाञ्जलियों में विस्मयकारी रहती। कई बार तो उनकी शत-प्रतिशत उपस्थिति हो जाती। अगर ऐसी सभा में काफ़ी भीड़ आ जाती सदस्य निदेशक को बाकायदा शाबाशी देते, ''ऐसी मीटिंग किया करो आप जिसमें हॉल भरे। लेक्चरबाज़ी सुनने कौन आता है।''

पंजाबी भाषा की रचनाकार अमृता प्रीतम का निधन छोटी दीवाली को हो गया। बड़ी दीवाली को सुबह सुबह अख़बार पढ़ते ही बाबूलाल महेश्वरी ने निदेशक को फ़ोन मिलाया। ''इतनी बड़ी लेखिका का अवसान हो गया, फौरन श्रद्धाञ्जलि-सभा बुलाइये।''

नवीन को भी, अमृता जी के निधन से कम धक्का नहीं लगा था किन्तु उसके मुँह से अकस्मात् निकल गया, ''आज सभा करेंगे तो कौन आयेगा, त्यौहार का दिन है।''

महेश्वरीजी किचकिचाये, ''आपका मतलब? हम आयेंगे। जिस-जिस ने अमृता को पढ़ा है, वे सब आयेंगे।''

''ठीक है लेकिन लोगों का साल भर का त्यौहार है और फिर श्रद्धाञ्जलि-सभा, दो हफ़्तों के बीच कभी भी रखी जा सकती है।''

''कैसी बात करते हैं आप? कोई आज मरा है, और आप अगले साल श्रद्धाञ्जलि-सभा करेंगे। सभा-संगत करवाने के सिवा और काम ही क्या है आपका!'' अधिक बहस की गुंजाइश नहीं थी। नवीन अपने काम में जुट गया।

सुषमाजी का फ़ोन आया, ''नवीन भैया, हमारी सबसे प्रिय रचनाकार चली गयी। इनकी श्रद्धाञ्जलि-सभा बहुत क़ायदे से कीजियेगा। आप उनका बड़ा-सा चित्र फ्रेम करवाइये। पहले पता कर लीजिये। उनके इतने प्रशंसक हैं। किसी-न-किसी के पास उनक चित्र ज़रूर होगा। सुन्दर भी कितनी थीं वे। और हाँ नवीन भैया आप काली को भेजकर सौ फूलमालाएँ मँगा लें। लोग इतनी दूर से, शोक-सन्तप्त आयेंगे, बग़ल में फूल दबाकर थोड़े आयेंगे। आप क्या सोचते हैं कॉफ़ी के साथ बिस्किट भी रखें तो कैसा रहेगा?''

नवीन से बोले बिना नहीं रहा गया, ''यह कोई ख़ुशी का मौक़ा तो है नहीं सुषमाजी। चाय कॉफ़ी का प्रयोजन एकदम नहीं बनता।''

मन्त्री उखड़ गयीं, ''इसका क्या मतलब है भैया। लोग इतनी दूर से संस्कृति-भवन तक आयेंगे। उनको थकान लगेगी। भूख प्यास भी लग सकती है। अपने भवन की परम्परा है अतिथि देवो भव। मेरे भवन से कोई भूखा प्यासा न जाय। जैसा मैं कह रही हूँ आप कीजिये।''

जब सारा शहर लक्ष्मी-गणेश की मूर्तियाँ और चित्र ख़रीद रहा था, नवीन पाण्डेय अमृता के चित्र की तलाश करता रहा। एक बुद्धिजीवी मित्र के पास इमरोज़ का बनाया अमृता का चित्र मिल गया। उनसे बात करने पर पता चला कि भवन के अध्यक्ष ने आज की श्रद्धाञ्जलि-सभा का संयोजन उन्हीं को सौंप दिया है। शर्माजी ने सदाशयता से कहा, ''मैं सब सँभाल लूँगा। करीब तीन सौ लोगों को मैं फ़ोन करवाता हूँ। आप दो सौ एसएमएस कर डालिये। अगर तीस परसेण्ट लोग भी आ गये तो शान बन जायेगी। आप चाय और पानी का इन्तज़ाम देखिये।'' असन्तोष से खलबलाता नवीन वापस भवन लौटा। उसने अध्यक्ष को फ़ोन मिलाया ''भाईजी मैं सब इन्तज़ाम कर तो रहा था आपने श्रद्धाञ्जलि-सभा का भी संयोजक बना डाला।''

"आपका चित्त इसमें नहीं था। आप हीला हवाला कर रहे थे। आप घर जाकर दिये जलाइये, लक्ष्मी को पूजिये, सरस्वती की चिन्ता हम कर लेंगे।"

नवीन के लिए दोनों अवसर नाग़वार हो गये। पत्नी दीपा ने झुँझलाकर कहा, "त्योहार के दिन मुँह लटकाकर क्यों बैठे हो, क्या कभी ख़ुश होना नहीं आता?"

शाम की सभा के लिए नवीन दोपहर में ही दफ़्तर चल दिया। अभी बहुत-से काम देखने थे। परिसर में रहनेवाले कर्मचारी अपने कामों में निष्णात थे। उन्होंने कॉफ़ी की मशीन ऊपर पहुँचायी, मेज़ पर चादर बिछाकर प्लेट-प्याले उलटाकर लगाये, मिनरल वॉटर का कण्टेनर पास ही रखी मेज़ पर रखा और उसके ऊपर प्लास्टिक के ग्लासों की मीनार खड़ी कर दी।

दिवंगत रचनाकार के चित्र के आगे इतनी अगरु-धूप और पुष्पसज्जा कर दी गयी कि उनका चेहरा पूरा ढँक गया।

लोग आये और ख़ूब आये। अमृता, उनके लिए, वर्षों से पढ़ा-सुना नाम था। वे किसी एक भाषा की न होकर हर भाषा की थाती थीं क्योंकि उनकी रचनाएँ सभी भाषाओं में अनुवाद हो चुकी थीं। श्रद्धाञ्जलि-सभा के अध्यक्ष मिश्रजी नगर के सबसे वरिष्ठ विद्वान् और तेजस्वी साहित्यकार थे। अपने जर्जर स्वास्थ्य के बावजूद वे आये। इस उपक्रम में वे बेहद थक गये।

सभी अतिथियों ने रचनाकार के चित्र पर फूल-माला चढ़ायी। सब के पास अमृता से जुड़ी कोई-न-कोई स्मृति थी जो वे सबसे साथ बाँटना चाहते थे। बोलनेवाले ज़्यादा थे अतः हर एक को ढाई मिनट का समय दिया गया। फिर भी सभा समाप्त होते-होते नौ बज गये।

जब नवीन सभा-कक्ष से उतरकर अपने कार्यालय में आया उसने देखा काली और प्रमोद कार्यालय-कक्ष का फ्रिज खाली कर रहे हैं। उन्होंने पानी की समस्त बोतलें, जूस के कार्टन, ब्रेड, दूध की बोतलें सब मेज़ पर रख दी थीं।

"यह क्या हो रहा है?" नवीन ने पूछा।

"मैडम ने कहा है, सारी फूलमालाएँ फ्रिज में रखनी हैं।" प्रमोद ने बताया।

"छिः कितनी गन्दी बात है।" नवीन बोला।

तब तक अपनी बाँहों पर फूलमालाएँ लटकाये, बहादुर और शिवराम आ गये। उन्होंने फ्रिज के तीनों खानों में मालाएँ रखकर उन्हें पतले कपड़े से ढँक दिया। मन्त्रीजी जा चुकी थीं। भवन के दरवाज़े बन्द किये जा रहे थे।

नवीन का दिमाग़ भन्ना रहा था। उसने सुषमाजी को फ़ोन मिलाकर कहा, "सुषमाजी दफ़्तर के फ्रिज में आपने फूलमालाएँ रखने को कहा है?"

"हाँ, बात यह है भैया इतने साहित्यकार, कलाकार पकी उम्र के हैं। देख लेना कल तक कोई न कोई बोल जायगा। अपन कल फिर श्रद्धाञ्जलि-सभा कर लेंगे। फूलमालाएँ काम आ जायेंगी।" ●

प्रेम

युवाकाल की समस्त असहमतियों को धता बताते हुए मध्य आयु में यह कैसी मुहब्बत पैदा हो गयी है, जुगलबन्दी-जैसी। दोनों एक-दूसरे के आरोह-अवरोह समझने लग गये हैं क्या? जब दोनों अपने कामों में गले तक फँसे थे तब एकदम पूरब-पश्चिम चलते थे। आधी ऊर्जा रूठे को मनाने में ख़र्च हो जाती। और अब इसी को प्रेम का पुनर्जागरण कहेंगे क्या कि परसों वितस्ता के टखने की हड्डी सरकी और आज विवेक बाथरूम में फिसल गये।

घबरा गयी वितस्ता। न उसने बाथरूम जाकर हाथ मुँह धोने की ज़िद पकड़ी होती न यह मुसीबत आती। उसे भी बस सनक चढ़ जाती है। जितनी संकटग्रस्त होती है उतनी ही दिलेरी दिखाती है। नहीं, यह तो वृन्दावन की बूढ़ियों की तरह शुचिता और शौक़ चर्राया उसे।

''मैं तो नहाऊँगी,'' पहले उसने ज़िद पकड़ी।

विवेक ने रोका, ''प्लास्टर पर पानी पड़ जायेगा। डॉ. बनर्जी ने क्या कहा था, भूल गयीं।''

''अच्छा मुझे बाथरूम तक ले चलो। मैं बस खड़े-खड़े हाथ-मुँह धो लूँ।'' वितस्ता ने उसकी तरफ़ अनुरोध से देखा। विवेक का मन हुआ पत्नी को गोद में उठाकर ले चले। आज भी ज़िद करती है तो बच्ची मालूम होती है। उम्र के साथ उसकी आवाज़ न खरखरी हुई है न चिड़चिड़ी। यह शायद पहली बार वितस्ता असमर्थ होकर बिस्तर से लगी है नहीं तो उसने हमेशा इसे सिपाही की तरह तत्पर और तैनात देखा है। ऐसी हमदम को कैसे इनकार कर दे विवेक!

वितस्ता एक पैर घसीटकर कुछ क़दम चली, फिर थक गयी। विवेक पीछे पीछे चल रहा था। कन्धों से थामकर बोला, ''मना किया था न।''

वितस्ता ने अपना भार विवेक पर डालते हुए कहा, ''तुम्हारे साथ तो मैं हिमालय पर भी चढ़ जाऊँ।''

गुसलख़ाने में उसने खुले पानी से हाथ-मुँह धोकर, खूँटी पर से तौलिया खींचना चाहा कि पैरों का सन्तुलन गड़बड़ा गया। विवेक ने बहुत सँभाला। वह इतने क़रीब न खड़ा होता तो वितस्ता गिर जाती।

दीवार के सहारे वितस्ता बाहर निकली।

नल बन्द करने के लिए जैसे ही विवेक ने हाथ बढ़ाया कि उसका पाँव फिसल गया और वह ग़ुसलख़ाने के फ़र्श पर चारों खाने चित।

वितस्ता को पता नहीं चला।

वह कुर्सी, मेज़, दरवाज़े और दीवार पकड़कर अपने बिस्तर तक पहुँच गयी थी।

रसोई में काम कर रहे रतन ने विवेक के गिरने की धमक सुनी तो भागा आया।

"क्या साब आप भी गिर गये आज!" रतन हैरान हो गया। विवेक की लम्बी, दुबली काया थी, उसकी चाल एकदम सधी हुई और सीधी थी।

रतन ने विवेक को उठाकर अपने कन्धे का सहारा दिया।

वितस्ता ने उसे लँगड़ाकर चलते देखा तो समझ गयी कि चोट ज़्यादा लगी है।

उसे बड़ा अफ़सोस हुआ। न वह ग़ुसलख़ाने तक जाने की ज़िद करती न विवेक के चोट लगती।

एक्सरे के बाद विवेक के टखने पर भी प्लास्टर चढ़ गया। दोस्तों को पता चला तो हैरान रह गये। एक ने कहा, "मुहब्बत में ऐसे कदम लड़खड़ाये", आप लोगों के लिए ही लिखा गया नग़मा लगता है।

अब आलम यह था दोनों एक कमरे में अगल बग़ल के बिस्तर पर पड़े थे।

सात साल पुराना सेवक रतन उन दोनों की देखभाल के साथ घर का कुल काम सँभालता।

विवेक कहता, "रतन समझ लो तुम्हारी आजकल छह टाँगें हैं।"

वितस्ता कहती, "लेकिन उसके हाथ तो दो ही हैं, कितना भी करे, काम पूरा कहाँ होता है।"

विवेक कहता, "तुम अपने दिमाग़ को शान्त रखा करो, वह अपनी बिसात कर तो रहा है।"

"जब से शरीर लाचार हुआ है, मेरा दिमाग़ तो ज़्यादा सक्रिय हो गया है।"

"यही गड़बड़ है, जो हो जाय उसे शुक्र समझो।"

रतन ने डाइनिंग टेबिल की एक-एक कुर्सी दोनों के बिस्तर की बग़ल में बतौर स्टूल रख दी। उसी पर वह उनका नाश्ता, खाना और चाय रख देता।

जब डॉक्टर बनर्जी उन्हें देखने आये, वितस्ता ने बेसब्री से पूछा, "और कितने दिन की क़ैद रह गयी डॉक्टर। मैं तो लेटे-लेटे थक गयी।"

डॉ. बनर्जी ने हँसकर जवाब दिया, "हमारी दुनिया में दिन नहीं, हफ़्ता गिनते हैं। सर को चार हफ़्ते और आपको छह हफ़्ते लगेंगे ठीक होने में।"

"बाप रे! यानी अट्ठाईस और बयालीस दिन। कैसे बीतेंगे?"

मौसम ने करवट ली थी। दिन लम्बे और अलस हो गये हालाँकि रातें अभी छोटी नहीं हुई थीं। ठण्ड कुछ कम हुई। जब नींद लगती, बदन पर कम्बल नहीं सुहाता लेकिन आधी रात के बाद इच्छा होती कोई पैरों पर कम्बल उढ़ा दे। घुटना मुड़ता नहीं था इसलिए पैताने रखा कम्बल भी वैसा ही रखा रह जाता। विवेक भी रोज़ सोचता कि आज वह कम्बल ओढ़कर ख़ुद भी सोयेगा और वितस्ता को भी उढ़ायेगा। रोज़ कर्मठता का वह क्षण हाथ से फिसल जाता।

विवेक दम्पती ने घर पर आनेवाले अख़बारों की संख्या बढ़ा दी ताकि बाहरी दुनिया से कुछ नाता बना रहे। ख़ूब ध्यान देकर ख़बरें पढ़ी जातीं, फिर उन पर तबसिरा किया जाता। शाम के वक़्त कमरे में टी.वी. भी चलता लेकिन वे दोनों लेटे-लेटे उसे रेडियो की तरह सुनते। कई बार मनोरंजन की जगह इश्तेहारों के शोर से कान भन्ना जाते। वे कहते, "रतन टी.वी. बन्द कर दो।" जाने रतन और टी.वी. में क्या डोर जुड़ी थी कि एक के बन्द होते ही दूसरा भी काम बन्द कर देता। रतन को ऊपर अपने कमरे में जाने की हड़बड़ी हो जाती।

इस तीन कमरे के मकान के ऊपर छत पर एक कमरा और टॉयलेट उन्होंने यह सोचकर बनवाया था कि इसमें दो-तीन छात्रों को किराये पर रखकर घर की अर्थ-व्यवस्था में ख़ुशहाली लायेंगे। सुरक्षा के लिहाज़ से भी छात्रों को रखना अच्छा रहता। कॉलोनी में सभी ने ऊपर दो-एक कमरे बनवाकर ऐसा इन्तज़ाम कर रखा था। छात्र देर-सवेर किराया दे ही देते। उनके रहने से रौनक भी बनी रहती। लेकिन अवकाश-प्राप्ति के बाद विवेक ने देखा वितस्ता के लिए घर का कुल काम ख़ुद करना मुश्किल होता जा रहा है। हारकर उसने फ़ैसला किया कि किराये का लालच छोड़ कमरे की सुविधा अपने निजी सेवक को अर्पित की जाय। निःशुल्क आवास के प्रलोभन में कोई-न-कोई सेवक उन्हें मिल ही जाता। शुरू में दो-तीन सेवक अपनी किसी-न-किसी अजीबोग़रीब आदत के कारण टिककर नहीं रहे। लेकिन रतन एक बार आया तो यहीं का होकर रह गया। तनख़ाह से ज़्यादा उसे यहाँ का वातावरण रास आया — बस दो बन्दे, दोनों कामकाजी, कोई किचकिच नहीं, हर पहली को हाथ पर पैसे। इन सबसे भी ऊपर सुविधा यह कि टी.वी. देखने पर कोई बन्दिश नहीं।

विवेक ने सोच रखा था इस होली पर नक़द इनाम देने की बजाय वह रतन को एक छोटा सा टी.वी. सेट दिला देगा। यह लड़का टी.वी. का रसिया था। भोजपुरी चैनल के गानों पर ख़ुद भी मटकने लगता।

उसका इरादा जानकर वितस्ता ने ग़ुस्सा किया, "इसके कमरे में टी.वी. लगवा दोगे तो यह काम करने नीचे क्यों आयेगा? ऊपर बैठकर गाने सुनता रहेगा।"

"उससे कहेंगे कि रात दस बजे के बाद टी.वी. देखे।"

"अगर वह रात भर टी.वी. देखेगा तो सुबह काम कौन करेगा?" वितस्ता ने दलील दी।

"तुम न वित्ती, हर अच्छे इरादे की गर्दन मरोड़ देती हो।" विवेक झुँझला गया था।

चोट लगने से घर का दिनमान पूरी तरह से डगमगा गया। अब तो दोनों बिस्तर से लग गये थे।

हैरानी यही थी कि उन दोनों के लाचार होने पर रतन ने अपनी मुँहजोरी, कामचोरी, सीनाज़ोरी सब एकदम छोड़ दी। बड़े अदब से वह खाना लाकर देता। बीच में पूछ जाता कुछ और तो नहीं चाहिए।

एक दिन वह खाना लाया, तो उसमें गुझिया भी रखी थी।

वितस्ता बोल उठी, "रतन, तुमने गुझिया बनायी क्या?"

रतन हँस दिया, "हमें कहाँ फ़ुरसत है आण्टी जी। सामने की गुप्ता बहन जी दे गयीं कि आप तो बना नहीं पायेंगी और होली ऐसे ही बीत जायेगी।"

तभी वितस्ता को ध्यान आया अरे आज तो फागुन की पूरे चाँद की रात है यानी आज होली जलेगी और कल खेली जायेगी।

मन उल्लसित हुआ।

बड़े चाव और आभार से उसने गुझिया चखी। गुझिया में खोये की जगह सूजी और नारियल भरा हुआ था।

विवेक बोला, "तुम्हारी बनायी गुझिया तो मक्खन-मलाई होती थी, कहाँ वह, कहाँ यह।"

रतन को समझा दिया कि बाक़ी गुझिया वह ख़ुद खा ले।

अँधेरा घिरने पर वितस्ता लेटे-लेटे याद करती रही कैसे वह खोवा मण्डी जाकर खोया लाती थी। एकदम सफ़ेद बुर्राक़ खोया नक़ली माना जाता। वह हलका बादामी रंग का खोया चुनती। उसके बाद राजस्थान स्टोर से मेवे ख़रीदती। जिस दिन गुझिया का काम चलता, खाने की जगह सिर्फ़ खिचड़ी बना ली जाती। सारा समय और परिश्रम गुझिया में झोंक दिया जाता।

विवेक को याद आया, "चुन्नू और मुन्नू तो गरम गुझिया लेकर भागते। इतना भी सब्र नहीं था कि ठण्डी होने दें।"

वितस्ता ने कहा, "तुम कौन कम थे। तुम्हें भी कढ़ाही से उतरती गुझिया ही पसन्द थी। अम्माँ जी लाख झल्लातीं कि गरम गुझिया खाने से पेट चल निकलेगा पर तुम बाप-बेटे मानते ही नहीं।"

यकायक विवेक ज़ोर से हँस पड़ा, "यह होली पर याद करने को क्या सिर्फ़ गुझिया ही रह गयी है तुम्हारे पास। और कुछ नहीं याद आता?"

वितस्ता लज्जित होकर चुप हो गयी। बन्द खिड़की से भी चाँदनी उसके बिस्तर तक पहुँच रही थी।

''पहली होली याद करो। तुम मायके चली गयी थीं, मैं मन मसोसकर रह गया। भाभी ने रंग लगाया, मैंने पलटकर उन्हें नहीं रँगा। भाभी बोलीं, ''इनकी मिसरी की डली तो कानपुर चली गयी, हम तो ठहरीं ज़हर की पुड़िया।''

''भइया का ब्याह होली का ठहरा था न'' वितस्ता को याद आया।

''अगले साल तुम घर पर थीं। ये बड़े बड़े हौज़ों में टेसू का पानी बनाया था हमने। तुम्हें सराबोर करने की तैयारी थी। तुम कमरे में ऐसी दुबकीं कि बाहर निकलने का नाम ही न लो। सबने चुनौती दी, ''विवेक अपनी दुलहन को बाहर लेकर आओ तो जानें।''

''मैं अन्दर आया। क्या देखता हूँ कि तुम बिस्तर पर अधलेटी किताब पढ़ने का नाटक कर रही हो।''

वितस्ता ने टोका, ''मैं नाटक कर रही थी? तुम्हें पता है हफ़्ते भर बाद मेरी वार्षिक परीक्षा थी एम. ए. फाइनल।''

''जो भी हो, त्योहार के दिन कौन पढ़ता है। मैंने किताब छीन ली और बाहर चलने का इशारा किया। तुमने मना कर दिया। याद है फिर क्या हुआ?''

स्मृतियों का गुलाबीपन वितस्ता को गरमा गया। धीरे से बोली, ''तुमने कहा अच्छा बाहर नहीं जाना चाहतीं तो कोई बात नहीं।''

''आगे क्यों नहीं बतातीं,'' विवेक ने बात पूरी की, ''मैंने कहा, चलो हम बिस्तर पर ही खेल लेते हैं होली, वासना की नंगी होली।''

''बाप रे, मैं तो यह सुनकर इतनी घबरा गयी कि बिस्तर से कूदकर बाहर पहुँच गयी।''

''अच्छा तुम इतना क्यों घबरायीं। बिस्तर की होली से अनजान तो नहीं थीं तुम?''

''इसका क्या मतलब। तुम तो दिन-रात, मौक़ा-बेमौक़ा कुछ देखते नहीं थे, मुझे तो घर में सबके बीच रहना होता था।''

''क्या मैं ज़बरदस्ती करता था?''

''हाँ, नहीं, कभी-कभी।''

''मैं तो हमेशा तुम्हारी मर्ज़ी देख लेता हूँ। अब देखो कितने दिनों से धीर धरे बैठा हूँ कि नहीं।''

''यह तो एक मजबूरी है।''

''इतना भी मजबूर नहीं हुआ हूँ, बताऊँ।''

''बिलकुल नहीं। चुपचाप अपने बिस्तर पर लेटे रहो। क्या तुम्हें प्रेम और युद्ध का बेसिक नियम नहीं मालूम, कि जो अपना बचाव न कर सके उस पर वार नहीं करते।''

"प्यार को तुम वार कहने लगी हो।"

"नहीं पर तुम पुरुष लोग प्यार को अतिचार बना डालते हो। मेरा मन देवकी की त्रासदी से क्षुब्ध हो जाता है। जेल की कोठरी में बन्द उसे वसुदेव का कैसा भयंकर अतिचार झेलना पड़ा। कहने को यह दाम्पत्य धर्म था पर उस स्त्री के मन की कल्पना करो। एक तरफ़ भाई का अत्याचार, दूसरी तरफ़ पति का संवेदनहीन अतिचार। बच्चों के संहार से एकदम निरपेक्ष उसका ध्यान केवल अपनी भूख-प्यास पर केन्द्रित था। कारावास में सहवास कैसे बरदाश्त किया होगा देवकी ने। इस त्रासदी पर किसी कवि ने नहीं लिखा।"

"तुम्हें यह त्रासदी लगती है, स्त्रियाँ इसे सौभाग्य मानती हैं", विवेक ने प्रतिवाद किया।

वितस्ता को पीड़ा हुई, "तुम तो ख़ुद लेखक हो विवेक, तुम्हीं सोचो जेल की दीवारों में कहीं प्रेम पनप सकता है। प्रेम के लिए खुली हवा, उन्मुक्त साँस, निर्बाध गति और हलका मन भी होना ज़रूरी है।"

"तुम्हारी बात ग़लत लग रही है। द्वापरकाल की बात छोड़ो। आज तो लोग कार और लिफ़्ट में भी प्रेम कर लेते हैं।"

"तुम प्रेम को सिर्फ़ शरीर मानते हो। मैं प्रेम की भावना की बात कर रही हूँ।"

"देखो वितस्ता, भाव और आवेग एक-साथ उमड़ते हैं। तुम प्रेम को विदेह समझने में ख़ुश हो रही हो जबकि देह के बिना गहरे से गहरा प्यार ग़ायब हो जाता है।"

"तुम भी तो पुरुष हो न! तुम पुरुष हम स्त्रियों का मन कभी नहीं समझ सकते।" वितस्ता ने करवट बदली।

विवेक असहमति में बोला, "खेल लिया न तुमने अपना स्त्री-कार्ड। बहस करो, तर्क करो, यह क्या कि चल दिया अपना तुरुप का पत्ता!"

●

परली पार

दोपहर का वक़्त था। सामने के पोखर में भैंसें पानी में पसरी पड़ी थीं। वहीं एक पेड़ के नीचे कई छोटी बड़ी लड़कियाँ पत्थर मारकर इमली गिरा रही थीं। किशन ने अपनी साइकिल रोककर कहा, ''ऐसे पत्थर चला रही हो तुम लोग, किसी के सिर में लगेगी तब?''

एक लड़की जो मटमैला सलवार सूट पहने हुए थी, हाथ का अद्धा निशाने पर मारती हुई बोली, ''जिसकी आ गयी होगी उसका सिर फूटेगा ही।''

किशन हँस पड़ा, ''तुम क्या कालभवानी हो?''

लड़की अँगूठा दिखाकर इमली लपकने भाग गयी।

बाक़ी लड़कियाँ इमली के कटारे किशन के पास लायीं, ''बिगड़ते क्यों हो, लो इमली खाओ।''

''मैं खट्टा नहीं खाता,'' किशन ने कहा, ''ऐ सुनो ज़रा, अर्जुन घोसी का घर कहाँ है?''

मटमैली सलवार वाली कालभवानी बोली, ''क्यों क्या काम है तुम्हें?''

''वह दो दिन से दूध दुहने नहीं आया।''

फ्रॉकवाली एक छोटी लड़की ने कहा, ''बाबू गये हैं फूलपुर के मेले, अपनी भैंस लेने।''

कालभवानी ने उसे घुड़का, ''तू चुप कर।''

''कहाँ से आये हो?'' उसने किशन को सिर से पैर तक ताका।

''चौधरी जी के यहाँ से।''

''बाबू तो जब आयेंगे तब आयेंगे।''

क़स्बे की नीवाँ बस्ती में घोसियों का मोहल्ला था। कछार में उनके पास थोड़े-बहुत खेत थे जिनमें वे ककड़ी व खरबूजे उगाते। नीवाँ के घोसी ऊँची बस्ती के चौधरियों के यहाँ बरसों से दूध दुहने का काम सँभाले हुए थे। इनमें आपसी एका ऐसा था कि एक के काम पर दूसरा मुँह न मारता।

किशन को जैसे एक काम मिल गया। रोज़ स्कूल के बाद वह नीवाँ चल देता, पता लगाने कि अर्जुन लौटा या नहीं। उसे पता चल गया कि अर्जुन की दो बेटियाँ हैं, कालभवानी बड़ी है जिसका नाम है सविता। छोटी का नाम है सरिता। सविता

आठवीं पास कर घर बैठ गयी है। सविता की दादी का कहना है, "अहीर की छोरी जब तक दूध दही में हाथ नहीं बोरेगी, पोथी पढ़कर क्या सीख लेगी?"

घर में मवेशियों की सानी-पानी में सविता तीन साल बिता चुकी है। बदन हलका है सत्रह की होकर पन्द्रह की लगती है। यही हाल छोटी बहन सरिता का है। सविता सरिता के कोई भाई नहीं है।

किशन को नीवाँ के चक्कर लगाते देख माँ ने कहा, "कैसा होनहार छोरा लगे है यह।"

दादी बोलीं, "इस सलूनों पर तुम दोनों जनी किशन को राखी बाँधकर भइया बना लेना।"

सलूनो आया। घर में ढेर-सी सेंवई की खीर बनी। फैनी खाने के लिए एक भगौना दूध अलग धर दिया गया। राखी ख़रीदने लड़कियाँ हाट गयीं। किसी ने मोती की राखी पसन्द की, किसी ने रेशम की। सविता का नख़रा देखो उसे कोई राखी पसन्द ही नहीं आयी। सविता ने मुँह मसकोड़ कर कहा, "ऐसी राखी तो हम दुश्मन को भी न पहरायें।"

सरिता ने किशन की कलाई पर राखी बाँधी। सविता खीर और फैनी की खातिरदारी में लगी रही।

ज़रा-सी ओट मिलते ही किशन ने पूछा, "तुमने राखी क्यों नहीं बाँधी?"

सविता ने त्योरी चढ़ाकर उसकी तरफ़ देखा, "नहीं बाँधी, क्या कर लोगे? क्या फाँसी चढ़वाओगे?"

किशन को सविता का तेवर भा गया, वह बिना बोले उसे देखता रहा।

रात भर उसके कानों में सविता का मग़रूर जवाब गूँजता रहा, "नहीं बाँधी क्या कर लोगे? क्या फाँसी चढ़वाओगे?" एकदम भोर, पौ फटने पर किसी ने उसके कान में जैसे गुपचुप कहा, "एकदम्मै पागल हो क्या किशन। वह लड़की बहन नहीं बनना चाहती तुम्हारी। क्या समझे?"

किशन और सविता का एक नया रिश्ता पनपने लगा। वे दोनों नीवाँ के कछार में देर तक बैठे रहते। पास ही बालू में किशन की साइकिल पड़ी रहती। दोनों का प्रेम इमली के बूटे से बढ़कर छतनार पेड़ बनता गया। हालाँकि क़स्बे का हवा-पानी प्यार-मुहब्बत के एकदम ख़िलाफ़ था। जिसने भी इन दोनों को सिर से सिर जोड़कर बातें करते देखा, दाँतों तले उँगली दबा ली। हैरानी इस बात की और भी ज़्यादा कि किशन के पिता गाँव के सरपंच और सविता नीवाँ टोले के सबसे इज़्ज़तदार अहीर अर्जुन की छोरी।

बहुत दिनों तक बच्चों के माँ-बाप तक ख़बर पहुँचाने की किसी की हिम्मत ही नहीं हुई। लोग आपस में फुसफुस करें और चुप रह जायँ।

इस मुहब्बत में फ़ोन था न डाकिया, बिस्तर न तकिया, पैसा न रुपैया पर ऊँची बस्ती और नीवाँ टोले का इतिहास भूगोल और समाजशास्त्र एकबारगी हिल गया।

पहले तो चौधरी ने अफ़वाहों पर यक़ीन ही नहीं किया। किशन के चाचा ने कहा, "मैंने अपनी आँख से देखा है अपना किशन एक छोकरी के साथ गन्ने के खेत से निकल रहा था।"

चौधरी गरजकर बोले, "मेरे घर के गाय बैल भी साफ़ नाँद का पानी पीते हैं, प्यास लगने पर कोई नाली में मुँह नहीं मारता, फिर किसनवा तो मेरा इकलौता है, मेरी मूँछ का बाल।"

चौधरी ने अर्जुन घोसी को हटाकर दूसरे अहीर को गाय-भैंस की सेवा में लगा दिया। उसने किशन से कहा, "बहुत हो गया पढ़ना-लिखना, घर बैठो, खेत-ज़मीन के काम सीखो।"

अर्जुन ने सविता की माँ से कहा, "वक़्त-बेवक़्त छोरियों का बाहर निकलना रोक नहीं सकती, क्या करती रहती है तू सारा दिन।"

रुकमन ने लड़कियों का बचाव किया, "कहीं तो नहीं जातीं, सारे दिन घर के काम में लगी रहती हैं। ऐसी ही मुश्किल हो रही है तो एक-एक कर इनके ब्याह कर दो।"

अर्जुन बोला, "एक से एक अच्छे छोरे अहीरों में हैं। इतनी इज़्ज़त है कि जिससे बात करूँगा, उसका बाप राज़ी हो जायगा।"

अकेले में रुकमन ने लड़की को आँख तरेरी, "ख़बरदार जो उस किशन के साथ दिखी। क्यों तू लट्ठ चलवाने पर उतारू है। नीवाँ और ऊँची बस्ती का मेल न कभी हुआ न होना है।"

दादी बोली, "देख सत्तो, यह तेरी बहन सिर्री किशन को राखी बाँधती है, तूने नहीं बाँधी, इससे क्या? जब छोरा एक बहन का भाई बना समझो सारे घर का बहनापा उसे मिल गया। मैं तो कहूँ, पूरे नीवाँ टोले का भाई समझो उसे।"

सविता बोली कुछ नहीं, बस किशन का साथ निभाने की अड़ थोड़ी और पक्की हो गयी। उसने मन में कहा, "हुंह मैं क्या करूँ, अगर सरिता ने उसे राखी बाँध दी। वह तो है ही सिर्री। मेरा तो वह वही है, जो राधाजी का बंसी बजैया था।"

इधर सविता और किशन पर परिवारों का शिकंजा कसता गया, उधर उनकी मुहब्बत परवान चढ़ती गयी। किशन की तबीयत बाग़ी होती जा रही थी। एक दोपहर डाकघर पर यकायक सविता दिखी तो किशन ने उससे कहा, "अब और बर्दाश्त नहीं कर सकता। तुम मेरा साथ दो तो आज ही हम घरवालों से कहें कि हमारी शादी कर दें।"

"वे क्यों मानने लगे?"

"नहीं मानेंगे तो बेटे से हाथ धोयेंगे। मैं घर का एकमएक बेटा हूँ, मुझे छोड़ नहीं सकते।"

किशन ग़लत था, यह उसे शाम को ही पता चल गया। उसने सविता को बड़े मान-मनौवल से तैयार किया कि वह उसके घर चले।

जैसे ही वे दोनों घर पहुँचे, उसकी माँ, चाची, चाचा, पिता सब बाहर निकल आये। सब एक साथ गरजने लगे, "तो यह लड़की पसन्द की है तूने? क्या धरा है इसमें। हम हरगिज़ ये बेशरमाई नहीं होने देंगे।"

"इसमें क्या ख़राबी है?"

"बस हमें नहीं पसन्द। हम अपनी टक्कर के घर में रिश्ता करेंगे।"

चौधरी ने कहा, "तूने एक बार नहीं सोचा, गाँव में मेरी इज़्ज़त को बट्टा लगेगा।"

पिता में चौधराहट जमाने की भीषण अकड़ थी। फौज़दारी मुक़दमे ठोकने में उन्होंने अपने बाप और ताऊ को भी नहीं छोड़ा। वकील और डण्डे के ज़ोर पर वे अनेक खेतों और ज़मीनों के हक़दार बन बैठे थे। बाक़ी रिश्तेदार शहरों की तरफ़ कूच कर गये। अपने घर के वे हाकिम, कचहरी, खाप पंचायत सब कुछ थे। घर में सुबह शाम का खाना भी उनकी मर्ज़ी पूछकर ही चढ़ाया जाता।

किशन ने बारी बारी सबकी तरफ़ देखा। इस वक़्त किसी की आँख में नरमी नहीं थी। सबकी आँखें आग बरसा रही थीं। किशन ने सविता से कहा, "ये अपना घर नहीं है, दुश्मनों का घेरा है, चलो यहाँ से भाग लें।"

जैसे ही वे मुड़े, चाचा ने अपनी लाठी अटकाकर सविता को गिरा दिया।

किशन ने ललकारा, "चाचा चक्कू चल जायेंगे, होश में रहो।"

चौधरी ने कहा, "आटे में चूहामार दवा राँधकर दोनों को टिक्कड़ खिला दे किशन की माँ।"

चौधराइन ने कानों पर हाथ रख लिया, "अपने जीते जी यह पाप तो मैं कभी न करूँ।" चौधरी को यह कबूल नहीं था कि अपने ही बेटे के ख़िलाफ़ उसे पंचायत बैठानी पड़े।

माँ ने दोनों बच्चों को कोठरी में बन्द करके डाल दिया।

घर में विचार विमर्श चला। जब रात गहरा गयी चाचा, किशन और सविता को साथ लेकर गंगा जी की तरफ़ चले। उनकी तैयारी पूरी पक्की थी।

घाट पर नाव थी। रामसेवक सिर्फ़ धोती पहने, नंगे बदन नाव पर बैठा इन्तज़ार कर रहा था। नाव के बाँस से एक टिमटिमाती लालटेन लटक रही थी।

चाचा ने कहा, "सेवकवा जैसा समझाया है वैसा ही करना। वापस आकर हमसे अपना इनाम ले जाना।"

नाव में ईंट पत्थर से भरे दो बोरे रखे थे और रस्सियाँ भी। ये बोरे किशन और सविता की कमर से बाँध दिये गये। चाचा ने आख़िरी हिदायत दी, ''रामसेवक, याद है न जब काम से फ़ारिग़ हो जाओ तो लालटेन बुता देना, हम भी जान जायँ कि सिधार गये ये सब।''

नाव खुली। चलने लगी।

किशन अभी इस धक्के से ही नहीं उबर पा रहा था कि खुद उसके माँ बाप, सगे सम्बन्धियों ने उसे मौत के घाट उतारने का सरंजाम रचा।

सविता होश में थी। उसे अपनी जान की कम, किशन की ज़्यादा फ़िक्र थी।

उसने सबसे पहले अपनी कमर से रस्सियाँ खोलीं। आज़ाद होकर वह नाव के दूसरे कोने पर लाचार बैठे प्रेमी के पास गयी। सविता उसके बदन से रस्सियाँ हटाने लगी।

''क्या फ़ायदा'', किशन ने कहा ''यह जल्लाद हमें डुबो मारेगा।''

सविता ने कहा, ''रामसेवक जल्लाद नहीं मल्लाह है। मल्लाह का धरम होता है लोगों को परली पार पहुँचाना।''

रामसेवक दोनों प्रेमियों की बातें सुन रहा था। उसे लगा सिर्फ़ दो बीघा ज़मीन पाने के लालच में वह भी कितना जघन्य काम करने जा रहा है। उसके न बाल बच्चा है न बीवी। दो साल पहले की बाढ़ में सब बह गये। किसके लिए वह लेगा ज़मीन का इनाम।

उसने नाव को मँझधार से थोड़ा आगे पहुँचाकर खड़ा किया। उसने पूछा, ''तैरना जानते हो न तुम दोनों?''

किशन और सविता ने गर्दन हिलायी, ''हाँ।''

''तो कूद जाओ। गंगा मैया चाहेंगी तो परली पार पहुँचा देंगी। दुनिया बहुत बड़ी है, ऊँचा बस्ती लौटने की ज़रूरत नहीं, समझे न।''

दोनों प्रेमी कूद गये और धारा के साथ परली पार की दिशा में तैरने लगे।

रामसेवक ने लालटेन बुझा दी और नाव अपनी कुटिया की तरफ़ मोड़ दी।

●

बाज़ार

रात में तो सभी सपने देखते हैं। मेरा, सपने देखने का वक़्त, सुबह जागने पर शुरू होता है। जल्दी उठकर बालकनी पर खड़ी हो जाती हूँ। मन नेक इरादों से भरा होता है। अभी अपने वॉकिंग शूज़ पहनकर, सामने पार्क में जाकर, तीन चक्कर लगाऊँगी। चाय उसके बाद पिऊँगी। कहानी-कविता उसके बाद पूरी करूँगी। आहा! कितनी बढ़िया व्याधियाँ मैंने पाल ली हैं। इन्हें न गोली की ज़रूरत है न शल्यक्रिया की। तेज़ क़दमों से रोज़ तीन चक्कर लगाओ, थोड़ी देर सुस्ताकर बीस मिनट योगाभ्यास करो, रक्तचाप, रक्तशर्करा, सबसे छुटकारा। यह बात तो सदियों से सर्वविदित है, फिर भी हम डॉक्टरों के चक्कर लगाते हैं और ऐसे उपदेशात्मक उपचार जानने के सैकड़ों रुपये फ़ीस देते हैं।

सामने से एक प्लस साइज़ महिला गुज़री और पार्क में दाख़िल हो गयी। उसके जूतों पर नज़र गयी। उसने बहुत क़ीमती, नये जूते पहने हुए थे जो देखने में भारी मगर चलने में मखमली, हलके होते हैं। दरअसल मेरे पास ऐसे जूते होते तो मैं कब की घूमने निकल चुकी होती। दो और प्लस साइज़ लड़कियाँ आपस में बातें करती पार्क में घूमती दिखीं। बाप रे! किस चक्की का आटा खाती हैं ये। घूमने से इनका क्या घटेगा। सीधे लिपोसक्शन सर्जरी करवानी होगी।

मन-ही-मन हलकी हो गयी। मैं इतनी प्लस नहीं कि दौड़-दौड़कर पसीना बहाऊँ।

यकायक मन पर मनभर का बोझ पड़ गया। अपना तो वह हाल है कि जीवन में कुछ भी प्लस नहीं, सब माइनस-ही-माइनस है। अगर अपनी जन्मराशि पता होती तो अख़बार में अपना भविष्य पढ़कर तसल्ली कर लेती कौन दिन अच्छा बीतेगा, कौन बुरा।

लो अख़बार याद आते ही अख़बारों का बण्डल आकर गमलों के पास गिरा। स्मरण और उपलब्धि के संयोग पर मन प्रसन्न हुआ। कुछ देर अख़बारवालों की निशानेबाज़ी विस्मित आनन्द से देखी। अब तक सूरज सीधी किरणें फेंक रहा था।

कमरे के अन्दर अभी भी ठण्डक थी। यहाँ पंखा, रोशनी, पसन्दीदा कुर्सी और पानी की बोतल, सब थीं। नया नकोर अख़बार खोलना अच्छा लगा। गुनगुना था जैसे अभी मशीन से उतारकर सबसे पहले यहाँ भेजा हो।

सबसे पहले तापमान पर नज़र गयी। बाप रे! कल इतना ऊँचा था पारा। लेकिन कल तो इतनी गर्मी नहीं लगी। 42.9 डिग्री पर शहर धधक रहा था। लड़कियाँ सिर-मुँह-नाक-कान लपेटे काम पर जा रही थीं। उनकी तस्वीर के पास ठण्डक पहुँचाने की गरज़ से ककड़ी तरबूज़ की रेड़ी की तस्वीर थी।

पहले पृष्ठ पर ख़बरों की बल्लेबाज़ी थी। एक क्रिकेट मैदानों में चल रही थी, एक मीडिया के अन्दर। कुछ घपले और घोटाले सामने आनेवाले थे। यह हमारा राष्ट्रीय मनोरंजन था। हमें पढ़ने के लिए घपले-घोटाले मिलते रहें तो हम बिजली, पानी, महँगाई जैसी अनेक समस्याएँ भूल सकते हैं।

आत्महत्या और बलात्कार की ख़बरें खिन्न कर गयीं, हत्या के कई समाचार विचलित करने लगे। ख़ूनी राजधानी में आ बसे हैं हम! क्या करें, चल दें यहाँ से? पर कहाँ? लगा कोई गौतम बुद्ध की तरह दाहिना हाथ उठाकर पूछ रहा है, "ऐसा कोई शहर बताओ जहाँ ख़ून, ख़ुदकुशी और बलात्कार न होता हो, वहीं तुम्हें शरण दूँ।"

मनीषा के आने पर सुबह की पहली चाय नसीब हुई। फ़ीकी है तो क्या, चाय तो है। अब अख़बार को फिर से पढ़ना शुरू किया। नहीं नकारात्मक ख़बरों पर नहीं ठहरना है।

सकारात्मक क्या है? सरकारी-ज्ञापन, विज्ञापन और सूचनाएँ। हटाओ यह सब। अड़सठ पृष्ठों के अख़बार में और भी बहुत-कुछ होगा। घड़ी देखी। नौ बज रहे थे। यानी मैं तीन घण्टे से समय की बरबादी कर रही थी। व्यायाम के नाम पर तीन क़दम भी नहीं चली। योगाभ्यास इल्लै। लेकिन यह मेरी जादू की कुर्सी इस बीच कहाँ-कहाँ ले गयी मुझे। दक्षिण दिल्ली से दक्षिण अमेरिका के ब्रासिलिया तक की सैर करवा दी। प्रधानमन्त्री तो वापस आ गये मैं तो अभी एटलस और एनसाइक्लोपीडिया लेकर ब्राज़ील में बैठी हुई हूँ।

किताबों के बीच रक्तचाप और रक्तशर्करा नापने के उपकरण रखे दिख रहे थे। एक मन हुआ, उठकर अपनी जाँच कर लूँ। तत्काल मन अकड़ और सिकुड़ गया। इसका क्या मतलब है। मरीज़ भी मैं और डॉक्टर भी। केमिस्ट भी और कम्पाउण्डर भी। खुद बीमार हो। ख़ुद अपनी उँगली में सुई चुभोओ, ख़ुद अपना परिणाम पढ़ो। फिर दिन भर कुढ़ो या लड़ो।

घर में इतने सदस्य हैं। सब घोड़े बेचकर सोये पड़े हैं। इनकी नींद को जैसे पता है आज इतवार है। रोज़ ये सब आठ बजे से उठकर शोर करते हैं आज इन्होंने भांग खा रखी है।

दरअसल स्वपरीक्षणवाले सभी उपकरण उठाकर समुद्र में फेंक देने चाहिए। ये उपकरण बदतमीज़ क़िस्म के सच बोलते हैं जो सीधे जाकर हमारे मनोविज्ञान में घुस जाते हैं। ये हमें जीवन के लिए नहीं, मृत्यु के लिए तैयार करते हैं।

सारा अख़बार खँगालने के बाद मैंने उसका सबसे आरामदेह कोना ढूँढ़ा। क्रॉसवर्ड पहेली। इसके सहारे कितनी ही देर बैठा जा सकता था। आधी पहेली खटाखट हल हो गयी। अब थिसॉरस की ज़रूरत पड़ी। वह मुटल्ला पोथा सबसे ऊपरी खाने में रखा था। कुर्सी में अधलेटे मैं सोचती रही, अब उठूँगी, उचककर पोथा उतारूँगी, तीन-चार शब्द तो निकल ही आयेंगे काम के। बैठे-बैठे चलती रही, उचकती रही।

अचानक लटपट चलते, आँखें मलते, सगुन आ गयी मेरे पास।

"मेरी सुग्गी उठ गयी।"

"हम दूध नहीं पियेंगे, चाय दो।"

"प्यारी सुग्गी चाय से काली हो जायेगी, मेरे हाथ से दूध पियेगी!"

"नहीं।"

"ऐसा है दस बजे हैं, तुम चाय-दूध दोनों छोड़ो, नाश्ते में आलू का पराठा और लस्सी बनवाते हैं। खाओगी न!"

सगुन ने ख़ुश होकर अपने घुँघराले बाल हिला दिये।

जबसे सगुन आठ साल की होकर चौथी क्लास में गयी है, उसे अख़बार के रंगीन इश्तेहार देखना अच्छा लगने लगा है। वह ध्यान से इश्तेहार देखती है, फिर स्टोर का नाम पढ़ती है। उसने सोफ़े पर ले जाकर सभी अख़बारों की तहें खोल डालीं।

"तेरा पापा उठकर चिल्लायेगा सगुन।"

"आप पहले अपनी ग्रामर ठीक करो। दादी आप पापा को बुद्धू क्यों कहती हैं? हमें अच्छा नहीं लगता।"

"ऐसा है वह बुध के दिन पैदा हुआ था। सबने कहा यह तो गौतम बुद्ध है। बोलते-बोलते नाम बुद्धू पड़ गया।"

धीरे-धीरे सब उठ गये। चाय का दौर चला। नाश्ता तैयार था।

जैसे ही मैंने प्लेट हाथ में ली, जीवन-साथी ने पूछा, "आज ब्लड शुगर नाप लिया था?"

"हाँ," मैंने जलभुनकर कहा।

"कितना है" सबको ऐसी जिज्ञासा हुई जैसे लॉटरी का नम्बर निकलना हो।

"एकदम ठीक है", मैंने अपनी प्लेट में पराठा रखते हुए जवाब दिया।

पराठे और परीक्षण में, मैंने पाया है, हमेशा पराठा ही विजयी होता है।

भरपेट नाश्ते और लस्सी के सेवन के पश्चात् स्वास्थ्य की कुछ चिन्ता आरम्भ हुई। दरअसल इस समय तक पार्क से धूप खिसक जाती थी। इस ग्यारह बजे के वक्त ही वह आता है, एक विकलांग मॉर्निंग वॉकर। अपनी दो बैसाखियों के सहारे वह पार्क के पाँच चक्कर लगाता है, बीच में न रुकता है न बैठता है। पास ही कहीं रहता होगा, बिना नागा वह आता है, घूमता है और चला जाता है।

उसे देखकर मैं हमेशा शर्मिन्दा हो जाती हूँ। मेरी टाँगे साबुत हैं पर हिम्मत टूटी। आलस्य से निकम्मी देह। अपना अपराध-बोध अन्दर छुपाकर मैं सगुन से कहती हूँ, "सुग्गी दादी के साथ सैर पर चलेगी न।"

सगुन अपनी माँ से लिपटी बैठी थी!

"कहाँ?" उसने पूछा।

"पार्क में। तू झूला झूलना, मैं चक्कर लगा लूँगी।"

"छिः इस सड़े पार्क में मैं नहीं जाऊँगी।"

सगुन ने मुझे सुस्त पड़ते देखा तो दौड़कर मेरे पास आयी, "दादी सेण्ट्रल मार्केट चलो तो ज़रा मज़ा आये। मुझे बहुत सारी चीज़ें लेनी हैं। ममी मेरी क्लास में सब लड़कियाँ डिस्को हेयरबैण्ड लगाती हैं। और मुझे वह वाली गुड़िया भी लेनी है जो फ़ोन करके मटकती है, ऐसे, ऐसे, ऐसे।" सगुन ने दायें-बायें घूमकर बताया।

शिखा ने कहा, "अरे मुझे भी कई चीज़ें लानी हैं। गौतम तुम्हें पता है मेगामार्ट में तीन हज़ार की शॉपिंग पर एक छतरी मुफ़्त दे रहे हैं।"

गौतम ने कहा, "ड्राइवर के साथ जाओ तुम लोग। मैं अभी और सोऊँगा। शिखा मेरे लिये डियो और मस्क टाल्क ज़रूर ले आना।"

बाज़ार के नाम पर घर में स्फूर्ति का संचार हो गया। सबको नहाने, तैयार होने की हड़बड़ी मच गयी। गोया आज इतवार नहीं त्योहार हो।

शिखा और सगुन ने तैयार होने में इतनी देर लगा दी कि मुझे बैठे-बैठे झपकी आने लगी। कपिल की नज़र पड़ गयी। वह हँसकर बोला, "यह लड़कपन की उम्र नहीं है कि दिन के बारह बजे चल दीं बाज़ार। बच्चों को जाने दो, तुम चैन की नींद सोओ।"

"नहीं नहीं," मैंने कहा और सँभलकर बैठ गयी।

आख़िरकार शिखा और सगुन अपने कमरे से निकले। माँ बेटी ग़ज़ब ढा रही थीं। शिखा ने कहा, "ममी वहाँ से हम गुड़गाँव चलेंगे, वहाँ भी एक से एक सेल लगी हुई है।"

मैंने बच निकलने की कोशिश की, "मैं इत्ती देर बाहर नहीं रहूँगी।"

"दादी आप कार में बैठी रहना।"

"लो, फिर बाज़ार जाने का क्या मतलब।"

दरअसल अब मुझे भरी दुपहर बाज़ार में भटकने का इरादा बेवकूफ़ी नज़र आ रहा था। ख़ासकर तब जब मुझे कुछ लेना भी नहीं था। मैंने कहा, "शिखा बेटे तुम लोग बाज़ार हो आओ, मेरी हिम्मत नहीं हो रही।"

"देख लें मम्मी, आप चलतीं तो अच्छा था।" कहने के साथ ही उसने सगुन का हाथ पकड़ लिया, "बेटे दादी को सोने दो, अपन चलते हैं।"

सगुन ने मुझे दिलासा दिया, "दादी मैं आपके लिए आलू टिक्की लाऊँगी।"

इतनी जल्द सगुन ने मेरी ग़ैर-हाज़िरी से समझौता कर लिया, देखकर तबीयत पस्त हो गयी। वह मेरा हाथ पकड़कर ज़िद करती तो मैं चल भी देती।

चलो हटाओ यह खटराग। मैंने अख़बार उठाया। अन्दर के कमरे में ठण्डक और अँधेरा था। मैं अपना टेबिल लैम्प जलाकर तकिये के सहारे अधलेटी हो गयी। क्रॉसवर्ड के कई खाने अभी खाली पड़े थे।

कपिल ने बैठक से लाकर थिसॉरस मेरे बिस्तर पर डाल दी। मैं गद्‌गद हो उठी। प्रेम पगी नज़र से उसे देखा। उसका ध्यान मेरी तरफ़ नहीं था। वह मोबाइल फ़ोन पर किसी से बात कर रहा था। मेरा मन भर आया। आख़िर वही है जो मुझे पल पल समझता है। हम दोनों के बीच यह कैसा प्यार पनप गया है कि एक दूसरे के मन को हम पढ़ लेते हैं।

ख़यालों ने अन्दर ही अन्दर सफ़र शुरू कर दिया। पहेली से ध्यान हटा। आँख लग गयी। एक दो छोटे-छोटे सपने बड़ी रफ़्तार से आ गये। तभी दरवाज़े की कर्कश घण्टी बजी। हड़बड़ाकर मैं उठी। अरे सुबह की शाम हो गयी, मैंने कुछ भी नहीं किया। कपिल अगले फ़ोन में व्यस्त था।

मैंने जल्दी से बाहर जाकर दरवाज़ा खोला।

लुंगी कमीज़ में एक आदमी हाथ में छोटा-सा सूटकेस लिये खड़ा था।

"वणक्कम, मैं कोयम्बटूर से आया है साड़ी लेकर।"

कोयम्बटूर शब्द ने मेरी चेतना के सभी द्वार खोल दिये, "आइये आपको मेरे बेटे टिल्लू ने भेजा है?"

अन्दर आकर उसने जूते उतारे और खड़ा हो गया। बैठक से पहले पड़नेवाले छोटे बरामदे में हमने दो मूढ़े और एक छोटी मेज़ डाल रखी थी। वह वहीं ठिठक गया। उसने मेज़ पर सूटकेस रखकर खोला। उसमें रंग-बिरंगी साड़ियों का अच्छा ढेर था।

उसने एक नीली साड़ी निकाली जिस पर नारंगी बॉर्डर था।

"छी ऐसे रंग तो मैं कभी नहीं पहनती", मैंने कहा। मेरी समझ में आ रहा था कि इसे टिल्लू ने नहीं भेजा है। इससे क्या। है तो यह वहीं का जहाँ मेरा बड़ा बेटा काम करता है।

अब वह आदमी थोड़ा चुस्त हुआ। उसने एक साथ दो साड़ियाँ निकालीं।

"ये देखिये, दक्षिण की पारम्परिक साड़ियाँ, टेम्पिल बॉर्डर, मैरून रंग। सिंगल पीस बचा है मैडम, सिर्फ़ आपके लिए।"

"सुनो कोयम्बटूर में तुम कहाँ रहते हो। मेरा बेटा आर. एस. पुरम में रहता है।"

उसने अगली साड़ी मेरे आगे फैला दी, "यह देखिये, ऐसी साड़ी अम्माँ को सबसे ज्यादा पसन्द।"

"अम्माँ मतलब जयललिता न।"

वह हँसा। सभी दक्षिण भारतीयों की तरह इसके भी दाँत एकदम उजले चिट्टे थे।

''भई मुझे तो कोई साड़ी नहीं चाहिए।''

''एक मिनट।'' उसने मेरी ओर ग़ौर से देखा। मैंने ख़ाकी रंग की हैण्डलूम साड़ी पहन रखी थी जिस पर काले और सलेटी फूलों का प्रिण्ट था।

''आपको एकदम सोबर साड़ी माँगता क्या। वह भी दिखाता मैं।'' उसने सूटकेस के एकदम तल में हाथ डालकर एक साड़ी निकाली। बिस्कुट रंग की साड़ी पर कत्थई धारियाँ थीं। इसका रेशम नरम और हलका था।

मैंने कहा, ''यह साड़ी तो अच्छी है पर मुझे ज़रूरत नहीं है।''

उस सेल्समैन ने हारना नहीं सीखा था। उसने सूटकेस मेरी तरफ़ सरका दिया। ''मैडम आप खुद छाँट लीजिये। हमने तय किया है आपको एक साड़ी ज़रूर देना माँगता। अभी पैसा नहीं तो कोई बात नहीं। आप साड़ी रखो, हम कल पण आकर, लेगा पेमेण्ट।''

साड़ियों को उलटते-पलटते मुझे लगा जैसे मैं कोयम्बटूर के साड़ी स्टोर में बैठी हूँ। टिल्लू आग्रह कर रहा है, ''माँ प्लीज़ एक और ले लो न। तुम अपने लिये कभी कुछ नहीं ख़रीदतीं।''

दिवास्वप्न की स्थिति में मैंने दो साड़ियों का चयन किया। मैं साड़ियाँ लेकर अन्दर जाना चाहती थी कि कपिल देख ले।

सेल्समैन ने कहा, ''वन मिनिट मैडम!'' उसने दोनों साड़ियों का दामवाला काग़ज़ निकाल लिया।

अन्दर आकर मैंने कपिल को बताया, ''कोयम्बटूर का सेल्समैन आया है। टिल्लू को कोई सन्देशा भेजना हो तो पहुँचा देगा।''

कपिल ने अपने तीनों मोबाइल की तरफ़ देखा और कहा, ''तुम्हें साड़ियाँ पसन्द हैं तो ले लो।''

कहने के बाद मैं खुद झेंप गयी। बच्चे से दिन-रात कभी भी बात हो जाती है। सन्देशा देना कोई समस्या नहीं है।

लेना तो एक चाहती थी पर लिहाज़ में दोनों ले लीं। सोचा एक शिखा या प्रज्ञा को दे दूँगी। साड़ियों की क़ीमत अदा करते हुए याद आया दोनों बहुएँ साड़ी पहनती ही नहीं हैं। पर अब क्या हो सकता है। सेल्समैन रुपये अपनी जेब में रख चुका था और सूटकेस बन्द कर जूते पहन रहा था।

मैं उससे पूछना चाहती थी क्या कोयम्बटूर में अभी भी सुबह-सुबह फूल बेचनेवाले आते हैं, क्या औरतें दरवाज़ों के सामने रंगोली सजाती हैं, क्या वहाँ के रेस्तराँ में इक्कीस इडलियों का नाश्ता मिलता है।

अन्दर पहुँचकर मैं थकान से भर गयी। दोपहर की एक लम्बी नींद की जगह यह कटपीस झपकियाँ शरीर को निढाल कर रही थीं। साड़ियाँ मैंने सोफ़े पर डालीं और एक बार फिर सोने की कोशिश की। अभी झपकी लगी ही थी कि फिर दरवाज़े की घण्टी बजी। मैंने करवट बदलकर घण्टी अनसुनी करने की कोशिश की।

कपिल ने उठकर दरवाज़ा खोला। शिखा और सगुन सामान के कई थैलों से लदे-फँदे कमरे में दाख़िल हुए।

"दादी दादी देखो मेरा मिनी कम्प्यूटर। इसमें 140 प्रोग्राम हैं।" सगुन ने मुझे झकझोर डाला।

मैं आँखें मलती उठी।

शिखा ने बैठक में साड़ियाँ पड़ी देखीं तो हैरान हो गयी, "ममी आप अलग से बाज़ार गयी थीं क्या?"

कपिल ने कहा, "नहीं, बाज़ार ही घर तक आ गया था बेटा।"

●

फरवरी की एक शाम

होता यह हर साल होगा पर लगता है इस बार कुछ ज़्यादा है। वसन्त, वेलेण्टाइन डे और फागुन ने मिलकर धूम मचा रखी है। इसे कामोत्सव कहें या रागोत्सव, दिल्ली जैसे बौरा गयी है। अपने शहर का सिद्धान्त है जो भी करो, अति में करो, गति में करो। दिल में कोई तमन्ना बाक़ी न रह जाय। शहर ने अपना दिल हर जगह लटका दिया है, कहीं मख़मल का, कहीं फ़ोम का, कहीं काग़ज़ का, कहीं कपड़े का। कुछ दिल तो इतने नन्हें हैं कि उन्हें मुट्ठी में भींच लो और कुछ इतने विशाल और वज़नी कि दिल उठाने के लिए कुली की ज़रूरत पड़े। पेट्रोल पम्प पर, दुकानों पर, पानवालों के यहाँ, बैंकों में हर जगह चटख लाल सेब की तरह दिल लटकते दिखायी देंगे।

सुबह-सुबह शबनम का फ़ोन आया, "आज शाम तुम क्या कर रही हो?"

दिव्या हँसने लगी, "तुम मेरे बॉस की भाषा कब से बोलने लगीं?"

शबनम बिगड़ी, "टालो मत, खाली हो तो बताओ?"

"तुम मेरा क्या दुरुपयोग करोगी?"

"कूल बेबी कूल, आज हमारे फ़ॉर्महाउस पर पार्टी है, तुम्हें आना है। पता याद है न!"

"कोई ख़ास ख़ुशी का मौक़ा?"

"बस मौसम का जश्न समझो। ज़रूर आना, टालना मत। रास्ता लम्बा लगे तो साथ में एक दोस्त लटका लाना।"

"लड़का या लड़की?"

"कोई भी चलेगा। वैसे इन दोनों के बीच की चीज़ मत लाना, स्ट्रेट लोगों की पार्टी है।"

"शबनम, कुछ शर्म करो। बच्चे बड़े हो रहे हैं, सुनेंगे तो क्या कहेंगे।"

"उपदेश देना बन्द करो, बोलो आओगी?"

"यस बॉस।"

फ़ोन रखकर दिव्या ने शबनम के फ़ॉर्महाउस का लोकेशन और भूगोल याद किया। वह दो बार पहले वहाँ जा चुकी थी। महरौली में कुतुबमीनारवाली सड़क से मुड़कर पाँच पेचदार मोड़ और गाँव पार कर शबनम का फ़ॉर्महाउस 'आनन्दवन' आता

था। उसके उद्योगपति पति मनजीत अहलूवालिया को रेस्तराँ की पार्टियाँ उबाऊ और घर की पार्टियाँ फीकी, बेमज़ा लगती थीं। जब भी वह दुबई से लौटता अपने फ़ॉर्महाउस आनन्दवन में दोस्तों को इकट्ठा कर पार्टी आयोजित करता। घर से सिर्फ़ सवा घण्टे की ड्राइव कर वह गाँव देहात का आस्वाद ले लेता। चारों तरफ़ फैली हरियाली देख तबीयत प्रसन्न हो जाती। शबनम भी अपने मित्र बुला लेती।

दिल्ली के नवकुबेरों का यह शौक था कि शहर में रहते हुए वे शहर से ज़रा हटकर कुछ एकड़ ज़मीन ख़रीदकर उसमें एक बँगला, एक खेत और एक उपवन विकसित कर लेते। इधर प्राकृतिक खाद से उगे हुए अनाज, सब्ज़ी और फल खाने का आग्रह बढ़ गया था। माली और खेतिहर की सेवाएँ लेकर ये शौक पूरे किये जाते। घर जाते हुए वे अपनी ज़मीन की पैदावार पालक, गोभी, हरी मटर और मूली ले जाते। मछली मुर्ग़ से बिगड़ी ज़ुबान को एक दिन घर भर ऑर्गेनिक शाकाहारी खाने से दुलराता और ख़ुश होता। ये फ़ॉर्महाउस महीने में उन्तीस दिन माली, चौकीदार और वफ़ादार कुत्तों के आसरे ऊँघते रहते। यकायक एक दिन यहाँ चहल-पहल शुरू हो जाती, सुबह से उस दिन छोटी-बड़ी गाड़ियाँ दन्नाती फिरतीं, किसी-न-किसी मशहूर केटरिंग सर्विस के कर्मचारी दावत के इन्तज़ाम में भाग दौड़ करते नज़र आते—नेपकिन से रगड़कर ग्लास चमकाये जाते, ऊँची लम्बी मेज़ें लगाकर अस्थायी बार काउण्टर निर्मित किया जाता और उपवन में बारबेक्यू लगाने के लिए माकूल जगह चुनी जाती।

दिव्या ने शाइस्ता ख़ान को फ़ोन मिलाया, "हलो शाइ, आज की शाम खाली हो क्या?"

"पहले प्रोग्राम बताओ।"

"चली आओ। शबनम के उपवन आनन्दवन में चलना है। ग़ज़लों का भी इन्तज़ाम है। खाना-पीना तो होगा ही।"

शाइस्ता ने कोई नख़रा या बहाना नहीं बनाया। अविवाहित लड़कियों की विशेषता होती है कि अगर उन्हें कोई प्रस्ताव पसन्द आ जाय तो वे मानने में देर नहीं लगातीं। बस एक ताला लगाया और तैयार!

फ़ासले और ट्रैफ़िक जाम से निपटते हुए जब दिव्या और शाइस्ता आनन्दवन पहुँचीं, रात के नौ बजनेवाले थे।

मुख्य सड़क से उतरकर चल रहे कच्चे रास्ते में दर्जनों गाड़ियाँ खड़ी हुई थीं। फाटक से ही फूलों की साज-सज्जा शुरू हो गयी थी। अलग-अलग कोणों से पुष्प-सज्जा पर रोशनी फ़ोकस की गयी थी। इस रोशनी में गुलाब ज़्यादा गुलाबी, गेंदें ज़्यादा सुनहरे और चमेली ज़्यादा सफ़ेद दिख रही थी। फाटक से उपवन तक के पार पथ पर फूलों की पंखुड़ियों की बिछात थी।

"पाँव छू लेने दो, फूलों को इनायत होगी" शाइ के ज़ेहन में ताजमहल फ़िल्म का गीत कौंध गया।

दिव्या ने उसका स्वप्न भंग करते हुए कहा, "जल्दी चलो, पहले ही बहुत देर हो गयी।"

सबसे पहला काम था मेहमानों के हुजूम से मेज़बान को ढूँढ़ निकालना।

यकायक शबनम दिखायी दे गयी, लेडी साहा को सोफ़े पर बैठाती हुई।

"क्या करें, सात बजे के निकले हैं पर आते-आते नौ बज गये," दिव्या ने अफ़सोस जताया।

शबनम ने कहा, "कोई बात नहीं, अभी तो पार्टी परवान चढ़ी है। हलो शाइ! तुम दोनों यहाँ लेडी साहा के साथ बैठो, मैं कुछ भिजवाती हूँ।"

लेडी साहा पचहत्तर साल की ख़ूबसूरत वृद्धा थीं जिनकी तस्वीर अक्सर अख़बारों के तीसरे पृष्ठ पर छपा करती। कभी वे किसी ब्यूटी पार्लर का उद्घाटन करतीं, कभी हॉकी टूर्नामेण्ट का।

दोनों लड़कियों ने अस्फुट स्वर में अपने नाम बताये लेकिन लेडी साहा ने उनकी तरफ़ ज़रा भी ध्यान नहीं दिया। वे अपने मोबाइल में लगी रहीं।

उपवन इस फ़ॉर्महाउस का पहला चरण था। आज इसकी धजा निराली थी। यहाँ बीचोंबीच एक विशाल बरगद का पेड़ था जिसकी जटाएँ लटककर फिर उग आयी थीं। बरगद की विशाल शाखाओं पर सफ़ेद और लाल रंग के साटन के पर्दे लापरवाही से लपेटे हुए थे। जटाओं की लम्बाइयों पर गेंदे की फूलमालाएँ लिपटी थीं। उपवन के विस्तार में जगह-जगह सोफ़े और कुर्सियाँ लाल और सफ़ेद साटन कवर से ढँकी हुई रखी थीं पर बहुत कम लोग बैठे नज़र आ रहे थे।

उपवन के एक कोने में सर्वाधिक चहल-पहल थी। यहाँ अहलूवालिया की मधुशाला थी। ऊँची, लम्बी मेज़ों के पीछे चार बार बालाएँ बड़ी चुस्ती से हर तरह का पेग तैयार कर रही थीं, विस्की, वोदका, वाइट और रैड वाइन, जिन, ब्लडी मैरी। रिन्द पीनेवाले अपने सामने अपना ड्रिंक बनवाते। इस मधुशाला में शलभ ही नहीं पतंगे भी बेमौत मरनेवाले थे। टेबिल की बायीं तरफ़ मधुबालाओं की भीड़ थी। वे अपनी माँग और ग्लास पेश कर रही थीं, "एक वोदका, स्मर्नाफ, एक वाइट वाइन।"

एक तरफ़ मीना गुप्ता अपने दो तीन प्रशंसकों से घिरी खड़ी थीं। आज उसकी पोशाक निराली थी। उसने काले रंग की धोती मर्दाने स्टाइल में पहनी हुई थी। धोती का किनारा लाल और सुनहरा था। बदन पर छोटी सी लाल कुरती थी, पैरों में सुनहरी मोजरी। उसने सुर्ख़ वाइन का जाम हाथ में थामा हुआ था। मीना गुप्ता आजकल अपने सास-बहू सीरियलों के लिए मशहूर थी। हालाँकि इनसे पहले उसने कुछ अच्छे रोमाण्टिक सीरियल बनाये थे। सीरियल में रोल पाने के इच्छुक लड़के लड़कियाँ

अक्सर उसे घेरे रहते। जवानी के दिनों में उसने कुछ बी ग्रेड फ़िल्मों में खलनायिका की भूमिका कर शोर बरपा किया था। टी.वी. प्रोग्रामों ने उसके डूबते कैरियर को पुनर्जीवन दे दिया था। आजकल कुमार नाम का नवोदित युवा अभिनेता हरदम उसके साथ नज़र आता। इसमें अजब कुछ नहीं था। नवीनतम फ़ैशन के अनुसार अधेड़, अमीर औरतों को नौजवान साथी पालने का नशा सवार था। ये नौजवान कभी उनके सेक्रेटरी की भूमिका निभाते, कभी सलाहकार की। ज़रूरत पड़ने पर ये ड्राइवरी भी कर देते।

मीना गुप्ता ने एक भरपूर नज़र दिव्या पर डाली और उसे पहचानने से इनकार कर दिया। यही मीना गुप्ता अपनी कड़की के दिनों में उसकी मैगज़ीन 'माधुरी' के कार्यालय में अपना पोर्टफ़ोलियो लेकर आती थी और घण्टों दिव्या के इन्तज़ार में बैठा करती। दिव्या के आते ही वह इसरार करती, "प्लीज़ इस बार एक ख़बर सचित्र लगा दीजिये। मेरी फ़िल्म फ़्लोर पर चली गयी है। मुहूर्त्त की तस्वीर भी लायी हूँ मैं।"

वोदका की वोल्गा में दो-एक डुबकियाँ दिव्या और शाइ ने भी लगायीं।

तभी एक भारी, भड़कीली, भर्रायी आवाज़ ने उन्हें चौंकाया, "हलो, दिव्या पहचान नहीं रही हो क्या?"

यह आस्था चतुर्वेदी थी, हमेशा की तरह अपनी दस उँगलियों में बीस अँगूठी पहने, गले में पत्थर, लकड़ी, स्फटिक और क्रिस्टल की मालाएँ लटकाये और हाथ में सिंगल मॉल्ट का नफ़ीस पैग थामे हुए।

दिव्या ने हँसकर कहा, "तुम्हें पहचानने में चूक कैसे हो सकती है! तुम तो अपने सारे ट्रेडमार्क के साथ मिलती हो।"

शाइ बड़े कौतुक से आस्था को देख रही थी।

आस्था की अँगूठियों के नग लिसौढ़े जितने मोटे थे जिनसे सुन्दरता की जगह समृद्धि टपक रही थी।

दिव्या ने परिचय करवाया, "ये शाइस्ता हैं, एल. एस. आर. में केमिस्ट्री की लेक्चरर। और आस्था चतुर्वेदी का नाम तो, शाइ, तुमने सुना ही होगा। इनके कई धारावाहिक आ चुके हैं।"

बात करते-करते वे एक ऐसे झुरमुट में पहुँच गयीं जहाँ बेतरतीब बेलों ने हरा शामियाना तान रखा था। पत्थर की बेंचें थीं और बीचोंबीच सन् 1920 के जैसा एक लैम्पपोस्ट जो मद्धिम रोशनी दे रहा था।

"तुम्हारे नये प्रोजेक्ट का क्या हुआ?" दिव्या ने पूछा।

"वह मन्त्रालय को इतना पसन्द आया, उन्होंने कहा इस पर उन्हें टेलीफिल्म नहीं, टेली-सीरियल चाहिए। मैंने बीड़ी मज़दूरिनों पर काम किया था...

दिव्या ने बीच में रोक दिया, ''तुम उनके बारे में कुछ जानती भी हो या बस ऊपर-ऊपर से विषय छूकर उड़नछू हो जाओगी?''

आस्था ने एक लम्बे घूँट में अपना ग्लास खाली किया और साथी नौजवान से कहा, ''एक बड़ा पैग बनवाना जिओ, बड़ी प्यास लग रही है।''

दिव्या ने बड़ी हसरत से उस सजीले फुर्तीले नौजवान को देखा जो आस्था का जूठा ग्लास इतने प्रेम से थामकर संजीवनी लेने जा रहा था।

ताज़ा ज़ाम हाथ में आते ही आस्था की अभिव्यक्ति में जान आ गयी, ''तुम ऐसा कैसे सोचती हो मुझे बीड़ी मज़दूरिनों के बारे में कुछ नहीं पता। दिल्ली तो मैं बहुत बाद में आयी हूँ। जीवन के पचीस साल तो मैंने इलाहाबाद की रानीमण्डी में बिताये जहाँ मेरी अगल-बग़ल सिर्फ़ बीड़ी-दिहाड़ी पर घर टिके हुए थे। हर घर की औरतें लड़कियाँ सूप में एक तरफ़ तेन्दू पत्ते, दूसरी तरफ़ तम्बाकू का चूरा रखकर, सुबह से शाम बीड़ी बाँधने के काम में लगी रहतीं। घर के मर्द अपनी कमायी औरतों को नहीं देते। रोज़ शाम घर के बच्चे बीड़ी के बँधे बण्डल ले जाकर लालमुहम्मद बीड़ी कम्पनी में जमा कर आते। इसी नक़द पैसे से घर में सब्ज़ी, दूध, आटा और बड़े का गोश्त आता।''

''अरे तुम इतना जानती हो, तब तो तुम बहुत अच्छा सीरियल बना लोगी।'' दिव्या ने कहा।

''मुझे कई दिशाओं में काम करना है। चिकन कढ़ाई करनेवाली औरतें, कुक्कुट पालन में लगी औरतें, कपड़े इस्त्री करनेवाली धोबिनें, ईंटे ढोनेवाली लेबर।''

शाइ ने फ़िक्र जतायी, ''अपने टी.वी. चैनल तो बस उछल-कूद दिखाते रहते हैं। इतना यथार्थवाद झेल पायेंगे।''

आस्था ने कहा, ''यू आर राइट। निन्यानवे फ़ीसद चांस है कि मेरी फ़िल्म डब्बे में पड़ी रहेगी। इसके लिए मैं क्या कर सकती हूँ।''

तभी मनजीत अहलूवालिया ने आकर खाना खाने के लिए सबको आमन्त्रित किया।

उपवन की एक तरफ़ मेज़ों पर चमचमाते डोंगों और क्रॉकरी की क़तारें लगी थीं। तरह तरह की ख़ुशबू फिज़ा में थी। शबनम कहीं से आकर दिव्या के पास खड़ी हो गयी, ''दिव्या आज के लिए तुम अपना घासपात खाना छोड़ दो। ऐसे बढ़िया टँगड़ी क़बाब और बाग़ानी बहार बने हैं, चखकर तो देखो।''

दिव्या ने पालक पनीर और मशरूम मटर अपनी प्लेट में ली और मुस्कुरा दी, ''मेरे हिस्से की तुम खा लेना।''

शाइ ने सामिष व्यंजनों से अपनी प्लेट सजायी, ''तुम्हारा हिस्सा तो मैं खा रही हूँ।''

कुछ मेहमान बार से हट ही नहीं रहे थे।

उन्हें भरोसा दिलाया गया कि वे खाना शुरू करें, जाम उनकी मेज़ तक पहुँच जायगा।

इस पर भी सबने अलग समय पर खाया।

एक तरफ़ बारबेक्यू से सींक क़बाब भुनने की चिरियाँध आ रही थी।

दिव्या हटकर खड़ी हो गयी।

शाइ ने कहा, "आस्था की बात तो आधी रह गयी।"

दिव्या ने टोका, "रहने दे, अगर फिर चालू कर दी तो दिमाग़ चाट जायगी। मैं इसे बीस साल से जानती हूँ। हमेशा किसी न किसी प्रोजेक्ट पर काम करेगी, प्रोजेक्ट पूरा हो न हो।"

पम्मी अरोड़ा नाम की एक अधेड़ महिला बहुत फ़ैशनेबिल हैट पहने मेहमानों की देखभाल कर रही थी। उसकी एक उँगली में कॉक्रोच जितना बड़ा हीरा जगमगा रहा था। बाक़ी उँगलियों की सज्जा भी देखने लायक़ थी। दिव्या ने कहा, "आज आप बहुत स्मार्ट लग रही हैं।"

पम्मी हँसी, "तुम कितनी अच्छी हो।" वह आगे बढ़ गयी।

"यह रात में हैट क्यों लगा रखा है इन्होंने।" शाइ ने फुसफुसाकर पूछा।

"चुप," दिव्या ने आवाज़ दबाकर बताया, "कैन्सर से उबरी हैं। रेडियेशन से सिर के सारे बाल उड़ गये। विग पहन नहीं पातीं।"

उपवन के उत्तरी कोने पर छोटा-सा स्टेज बना हुआ था जिसके आगे लगभग सौ कुर्सियाँ लगी हुई थीं। तबले और सारंगी के संगतकार अपने साज़ मिला रहे थे। उनके बीच हल्दी रंग की साड़ी में सजी प्रिया घोषाल माइक के सामने बैठी खँखार रही थी।

धीर-धीरे एक छोटी भीड़ यहाँ आकर कुर्सियों में धँस गयी। नशे ने शरीर निकम्मा कर दिया था, अब खड़ा होना दूभर लग रहा था। पचासेक श्रोताओं के आने पर प्रिया घोषाल ने पहली ग़ज़ल की शुरुआत ग़ालिब से की जो लोगों के सिर के ऊपर से गुज़र गयी। प्रिया घोषाल ने अमीर मीनाई की ग़ज़ल पेश की, "अभी से क्यों छलक आये तुम्हारी आँख में आँसू। अभी छेड़ी कहाँ है दास्ताने ज़िन्दगी मैंने?"

शेर उम्दा था। दिव्या को बहुत पुरानी फ़िल्म 'वह कौन थी' का गाना याद आ गया, "जो हमने दास्ताँ अपनी सुनायी आप क्यों रोये?" उम्दा ग़ज़ल थी पर मेहमान न जाने क्या सुनना चाहते थे।

शबनम ने गायिका के पास चिट भिजवायी, "कुछ आसान गाने गाइये।"

प्रिया घोषाल ने महफ़िल का मूड बदला। "छुप-छुप खड़े हो ज़रूर कोई बात है पहली मुलाक़ात है ये पहली मुलाक़ात है।"

तारीफ़ में तालियाँ तड़-तड़ बज उठीं। कुछ किशोर लड़के-लड़कियाँ उठकर नाचने लगे। एक गाने से महफ़िल का रंग बदल गया। इतने पुराने गाने पर नये ज़माने के लोग थिरक रहे थे।

मेहमानों के पास काश्मीरी लिबास में दो वेट्रेस कहवा पेश करने लगीं। एक सुन्दरी प्याला पकड़ाकर बड़ी अदा से उसमें मेवे और केसर डालती। दूसरी, समोवार उठाकर उसमें खौलता पानी भर देती। सारे माहौल में केसर की ख़ुशबू फैल रही थी। जो अभी पी रहे थे, उनकी दिलचस्पी कहवे में नहीं थी।

पीछे से फ़रमाइश उठी, ''आज जाने की ज़िद न करो।''

प्रिया घोषाल ने मुस्कुराकर फ़रमाइश कबूल की।

यह उसका कला-कौशल था कि उसने महफ़िल सँभाल ली। समाँ बँध गया। जिसने जो चाहा, प्रिया ने सुनाया। उसने कहा, ''अब पेशे ख़िदमत है आज की शाम का आख़िरी कलाम।''

उसने दायें-बायें झुककर अपने साज़िन्दों को कुछ बताया। अब तक की अपनी आवाज़ को थोड़ा बदल और सँभलकर उसने हफीज़ जालन्धरी की नज़्म के बोल उठाये, ''अभी तो मैं जवान हूँ, अभी तो मैं जवान हूँ, अभी तो मैं जवान हूँ।''

वाह-वाह का ऐसा ज़लज़ला उठा कि प्रिया घोषाल की आवाज़ डूबने लगी। उसने गले में थोड़ा और ख़ुमार मिलाया, ''हवा भी ख़ुशगवार है, गुलों पे भी निख़ार है, तरन्नुमें हज़ार हैं, बहार पर बहार है।

''कहाँ चला ऐ साक़िया, इधर तो लौट, इधर तो आ। अरे ये देखता है क्या, उठा सुबू, सुबू उठा। सुबू उठा पियाला भर पियाला भरके दे इधर। चमन की सिम्त कर नज़र समाँ तो देख बेख़बर। वो काली-काली बदलियाँ, उफक पे हो गयीं अयाँ...

यह ऐसी नज़्म थी जिसकी कोई-न-कोई पंक्ति हर एक को याद थी। ऊपर से मलिका पुखराज की आवाज़ स्मृतियों की दराज़ में अभी तक पड़ी हुई थी जिसमें गायी हुई यह नज़्म, जादू का गीत थी। कई मेहमान हाथ में ज़ाम पकड़े हुए खड़े हो गये और नाचने-झूमने लगे। नौजवान अब तक नाचकर थम चुके थे। अब अधेड़ों की बारी थी। कुछ बैठे बैठे ही गुनगुना रहे थे। तभी आस्था ने माइक पर आकर कहा, ''अब मैं शबनम से गुज़ारिश करूँगी कि वे बाक़ी नज़्म अपनी दिलक़श आवाज़ में पूरी करें। हम सब जानते हैं शबनम कितना अच्छा गाती हैं।''

सबने समर्थन किया, ''वी वॉण्ट शबनम, वी वॉण्ट शबनम।'' प्रिया घोषाल माइक से थोड़ा हटकर बैठ गयीं और पास रखे कहवे के प्याले का लुत्फ़ लेने लगीं। शबनम ने माइक पर आकर कहा, ''दोस्तों आज मेरा गला थोड़ा ख़राब है, अच्छा हो हम सब प्रियाजी से नज़्म सुनें। यह मेरी मनपसन्द नज़्म है।''

मनजीत अहलूवालिया ने दोस्तों की आवाज़ में अपनी आवाज़ मिलायी, ''कम ऑन शबनम, बी ए स्पोर्ट।'' शबनम की आवाज़ में नशीली लरज़िश थी। उसने गाना शुरू किया—

''चलो जी क़िस्सा मुख़्तसर, तुम्हारा नुक़्ता-ए-नज़र
दुरुस्त है तो हो मगर, अभी तो मैं जवान हूँ।
अभी तो मैं जवान हूँ, अभी तो मैं जवान हूँ।''

पीछे की कुर्सियों से मीना गुप्ता, पम्मी अरोड़ा उठीं और बीच में खड़ी होकर नाचने लगीं। आस्था भी अपनी भारी-भरकम देह के साथ उठकर झूमने लगी। एकल गाना अब सामूहिक गान बन गया। जिसको जो पंक्ति याद थी, वही गाने लगा। कई पुरुष भी नाचने लगे।

हलकी, भारी, सुर, बेसुर आवाज़ों के जाल में कभी कोई पंक्ति कभी कोई पंक्ति उभर कर आती—

''ये मौत इस क़दर क़रीब मुझे ना आयेगा यक़ीन
नहीं नहीं अभी नहीं, नहीं नहीं अभी नहीं।
अभी तो मैं जवान हूँ, अभी तो मैं जवान हूँ।''

शबनम ने थोड़ा-सा सुर साधा, ''न मय में कुछ कमी रहे, क़दा से हमदमी रहे। नशिस्त ये जमी रहे, यही हमा हमी रहे। हर इक लब पे हो सदा, न हाथ रोक साक़िया। पिलाये जा, पिलाये जा, पिलाये जा, पिलाये जा। अभी तो मैं जवान हूँ, अभी तो मैं जवान हूँ।''

आख़िरी पंक्ति सब झूमते हुए दोहरा रहे थे। आलाप प्रलाप में बदल रहा था। सभी गतयुवा और गतयौवनाएँ तसल्ली की आख़िरी डोर की तरह, कीर्त्तन के यान्त्रिक बोल की तरह बुदबुदा रहे थे, ''अभी तो मैं जवान हूँ, अभी तो मैं जवान हूँ।'' स्वर शिथिल हो रहे थे, जाम हाथों से लुढ़क रहे थे, फिज़ा में नज़्म के टुकड़े रह-रहकर तैर रहे थे।

आँखों-ही-आँखों में दिव्या और शाइस्ता ने सलाह की और उठ दीं। उनके होश-ओ-हवास क़ायम थे और उन्हें बड़ी दूर वापस जाना था।

●

चाभी

सत्या मासी को बड़े आग्रह से बुलाया गया है ताकि घर में थोड़ा सा पंजाब नज़र आये वरना शहर ने सत्येन्द्र की समस्त पंजाबियत गड्ड-मड्ड कर डाली है। चारु तो है ही उत्तर प्रदेश की। छोटू का ब्याह है। लड़की पंजाब की है। बच्चों के दिमाग़ पर फ़िल्मों का असर है या धारावाहिकों का, वे धूम धड़ाके का मतलब पंजाबी भाँगड़ा और गिद्दा ही समझते हैं।

मासी के साथ जीती और आशी भी आये हैं। तीनों के डील-डौल ऐसे हैं कि उनसे भाँगड़े की उम्मीद नहीं की जा सकती। चलो तजुर्बे तो हैं न। ये रस्में बताते चलेंगे।

अपने मुल्क में शादी-ब्याह स्पर्द्धा का समय है। हम किसी से कम नहीं वाली अकड़। सत्ते तो पंजाबी बोलना भी भूलता जा रहा है।

मासी यूपी को जूपी कहती हैं और हिन्दी बोलनेवालों को जूपीवाले।

उन्होंने पहले ही दिन रूबी को खड़काया, "ये क्या चिन्दियाँ वरगी परौठियाँ उतार रही है। खानेवाले को शरम आ जाय पर टिड्ढ (पेट) न भरे।"

पराठे विशाल बनने लगे। एक पराठे पर आधी टिक्की मक्खन रखकर खा लेने पर दूसरे पराठे की ज़रूरत नहीं।

हलवाई को भी टोका गया, "लड्डू वड्डे होने चाहिए। वरक़ लगा।"

छोटू की बुआ कमलेश रुबी से चलकर यहाँ पहुँची है। भतीजे की शादी का सबसे ज़्यादा चाव उसी को है। साथ में है उसका ख़ूबसूरत पति विजय।

सारी चहल-पहल के बीच चारु का मन बार-बार पीछे लौट जाता है जब उसका विवाह हुआ था। चुपचाप रजिस्टर पर दस्तख़त हुए, टैक्सी में बैठे और घर आ गये। न बाजे बजे, न मजमा जुड़ा, न एक भी एक्सट्रा बल्ब कहीं लगा। सत्येन्द्र ने रोज़ दफ़्तर जानेवाले अपने कपड़े पहने। उसने ज़रूर तीस रुपये की नयी हैण्डलूम साड़ी पहनी थी, बस। सत्येन्द्र के सादगी-प्रेम के कारण उसने न बालों में फूल लगाये न नाख़ूनों पर नेलपॉलिश। यहाँ तीन दिन पहले से रस्में शुरू हो गयी हैं।

आराधना आ गयी है। वह अपने को मेंहदी आर्टिस्ट कहती है। शादीवाले घर में उसे काम तो मिल ही जायेगा। सबसे पहले वह चारु को पकड़ती है। "आण्टी आप बेटे की माँ हैं, स्पेशल लगें तो अच्छा है। आप ही से शुरू करूँगी।"

"धत्, बालों में मेंहदी लगाने की उम्र हो गयी, अब हाथों में मेंहदी लगवाती अच्छी लगूँगी।"

"बक-बक ना कर चारु, चल मेंहदी लगवा।" मासी ने आँख दिखायी।

"घर का काम कौन करेगा?"

"आण्टी, मेरी मेंहदी घण्टे भर में रच जायेगी।" आराधना ने चारु की हथेली पर अपना हाथ फेरा। छलछल आँख भर आयी। अपनी शादी पर जो चाव नहीं हुए, अब हो रहे हैं, तीस साल देर से।

सब मेंहदी लगाकर बैठ गयीं, चाय कौन चढ़ाये?

—चढ़ा तो मैं दूँ, पिलायेगा कौन?

—देखो जो जिसका दूल्हा, वह पिलाये। नाक पे बैठी मक्खी भगाये, ब्लाउज़ में हाथ डाल खुजली मिटाये।

—और

—और मुँह न खुलवाओ, बक दूँगी।

—आण्टी मेरे हज़ार रुपये दीजिये, मैं जाऊँ। अभी दो घरों में और मेंहदी लगानी है।

—हाय राम! रेट बढ़ा दिया क्या?

—नहीं तो, सात जोड़ी हाथों में लगायी, पैरों का तो कुछ ले ही नहीं रही हूँ, आराधना ने कहा।

डेढ़ सौ रुपये के हिसाब से माँग रही है पैसे। महीने भर पहले रेट सौ रुपये था। लगन के दिन जो ठहरे। सत्येन्द्र हिसाब चुकता करता है।

बारात का दिन आ पहुँचा। चारु को तो पता ही नहीं। लड़के को भी हल्दी लगायी जाती है।

आशी और कमलेश ने पण्डित बुलाया है। वह बताता जा रहा है।

चारु का जी धड़क रहा है। कम्प्यूटर विज्ञानी लड़का यह पीले लौन्दे-सा उबटन लगवायेगा या फिकवा देगा। इसके पिता ने कोई भी रस्म निभायी नहीं थी।

छोटू को एतराज़ नहीं। हँसते-हँसते आकर पटरे पर बैठ गया।

सबने लगायी उसे हल्दी—पहले भाभी, फिर बहनें, बुआ और अन्त में मासी और माँ।

छोटू चश्मा उतारकर गुसलख़ाने में घुस जाता है। अच्छा ख़ासा फेशियल हो गया उसका।

बारात का समय आठ बजे का है। पाँच बजे से ही मेहमानों ने तैयारी शुरू कर दी।

मासी ने कभी साड़ी नहीं पहनी लेकिन यहाँ नयी साड़ी ख़रीदकर लायी हैं। सफ़ेद सिल्क पर चाँदी के तारों का जाल बना है। पता चलता है ब्लाउज़ तो

पंजाब में ही रह गया। अब क्या हो। उनके नाप का ब्लाउज़ घर में मिलना असम्भव है।

—हटाओ मासी, आप सलवार सूट पहनो। आप उसी में जँचती हो।

मासी थोड़ी सुस्त हो गयी।

ठक-ठक, बाथरूम का दरवाज़ा ढोलक की तरह, बजता ही रहता है।

कपड़ों के बाद गहनों का नम्बर। ''भई चारु, आलमारी खोलकर सबके गहने दे दो।''

''चाभी कहाँ है, ड्रॉअर में थी।''

''नहीं मेज़ पर थी।''

''अरे सिरहाने तो नहीं थी।''

चारु इधर ढूँढ़ती है। उधर ढूँढ़ती है। चाभी नहीं मिलती।

सबके चेहरे फक्क पड़े हैं।

आते ही सबने पहले गहने और रुपये चारु के हवाले कर दिये थे, ''तुम घरवाली हो, तुम्हीं सँभालो। जब माँगें तब दे देना।''

''चाभी तुमने देखी, तुमने देखी?''

''भई तेरी चाभी के हमने तो दर्शन भी नहीं किये, काली-पीली कैसी है?''

''डुप्लिकेट है क्या?''

''डुप्लिकेट भी आलमारी में बन्द है।''

सत्येन्द्र हल निकालता है।

—चलो कपड़े तो सबने पहन लिये। चल पड़ो नहीं तो देर हो जायेगी। ''हाय-हाय! शादी के घर में क्या नंगी बुच्ची जायेंगी सब? गहने इसी दिन के लिए होते हैं।''

मासी कहती है, ''अपनी छड्डो, पर दुलहन के गहने भी तो इसी आलमारी में हैं। उसको क्या देंगे?''

सब सोच में पड़ जाते हैं।

''ज़रा याद करो, कहाँ रखी तुमने चाभी?''

चारु रुआँसी हो जाती है, ''हर बात मेरे मत्थे आती है। मैंने कब कहा, अपना ज़ोख़िम मेरे पास रखो।''

''रूबी कहाँ गयी? आराधना कहाँ रहती है, कहीं वही तो नहीं ले गयी?''

''रूबी तो मेरे सामने गयी थी। उसके बाद तो आलमारी खोलकर जयमाल निकाली थी।''

''और आराधना?''

''आराधना इस कॉलोनी में दस साल से मेंहदी लगा रही है। वह चोर नहीं है।''

"कोई तो ले गया है वरना चाभी जाती कहाँ?"

जिसको जहाँ जगह मिलती है वहीं धम्म् से बैठ जाता है।

हर एक के दिमाग़ में अपने नुकसान का वज़न भारी होता जा रहा है। एक तोले की चेन दो तोले की और दो तोले के कंगन चार तोले के बताये जा रहे हैं।

छोटू तैयार होकर नीचे आया।

उसने कहा, "यह तो तय है किसी का भी सामान खोया नहीं है, बस चाभी गुम हुई है। मैं अभी घण्टाघर जाकर चाभी बनानेवाले को ले आता हूँ, पन्द्रह मिनट में चाभी बन जायेगी।"

"काम कर, आज तेरा ब्याह है, और तू चोर-उचक्कों को लेने घण्टाघर जायेगा।" मासी ने कहा।

"सच्ची बात है सब चाभी बनानेवाले असल में चोर ही होते हैं।" सत्ते ने हाँ में हाँ मिलायी। उसने एक मौलिक सुझाव दिया, "ऐसा करते हैं, हम लोग चलकर लड़कीवालों को बता दें कि चाभी खो जाने से हम बहू के गहने नहीं ला पाये हैं। बाद में दे देंगे।"

"नहीं जी, नाक कट जायेगी।"

मासी को रोना आ गया, "मेरे हाथों में तो एक छल्ला भी नहीं है। वे लोग सोचेंगे हम यतीमखाने से आ गये।"

छोटू ने रसोई में जाकर सबके लिए चाय बनायी। कुछ तनाव कम हो तो रास्ता निकले। आठ तो घर में ही बज गये।

चारु ने मुँह फुलाकर कहा, "तुम सब जाओ ब्याह में, मुझे नहीं जाना।"

"पागल हुई हो क्या?"

"हम सब गये तो जिसने चाभी उठायी है वही आकर चोरी कर लेगा।"

"तुम्हें किसी पर शक है तो बताती क्यों नहीं?" छोटू चाय थमाता है।

सबका मूड कुछ सँभलता है। विजय कहते हैं, "छोटू तेरी शादी में नंगी चा नहीं पीनी। साथ मट्ठी अचार कुछ लेकर आ।"

चारु मट्ठियाँ निकालती है।

मासी कहती हैं, "अरे जो अचार मैं लायी थी गलगलवाला, वह लाना।"

चारु ताक पर से मर्तबान उतारती है। लम्बी कलछी से अचार निकालती है। टन से कटोरी में कुछ बजता है।

अरे यह क्या? गलगलों के रस में लिथड़ी हुई चाभी, गाँधी जी के गुच्छे समेत दिखायी दे रही है।

चारु लपकती है।

"चाभी मिल गयी! चाभी मिल गयी!"

सबके चेहरों पर रंग लौटते हैं।

"कहाँ मिली, कैसे मिली?"

"माँ को चाभी छुपाने की जगह बढ़िया मिली।" छोटू हाथ-पर-हाथ मारकर हँस रहा है।

"अचार के अन्दर पहुँची कैसे?"

चारु को याद आया। जयमाल निकालने के बाद उसने चाभी मासी की तरफ़ उछाली थी, "लो मासी तुसी सँभालो।"

मासी, पीपे से निकालकर अचार मर्तबान में डाल रही थीं। तभी गिरी होगी चाभी गलगल के अचार में। गाँधी जी समेत चाभी के गुच्छे ने डिटॉल साबुन से स्नान किया।

आलमारी खुली।

सबने अपने-अपने गहने पहने। सबके चेहरों पर तसल्ली थी पर तृप्ति नहीं। हर एक को लग रहा था उसके गहने हलके हैं। शादी के मौक़े पर भारी गहने ज़्यादा फ़बते।

●

थोड़ा सा प्रगतिशील

विनीत ने अपनी सहपाठी चेतना दीक्षित के साथ दोस्ती, मुहब्बत और विवाह की सीढ़ियाँ दो साल में कुछ इस तरह चढ़ लीं कि एक दिन चेतना उसके घर हमेशा के लिए आ बसी। अपनी सफलता पर अभिभूत हो गया विनीत, साथ ही सावधान। प्रेम का प्रथम ज्वार ज़रा धीमा पड़ा तो उसे सबसे पहले यह चिन्ता हुई कि जिस आसानी से उसने चेतना को पटा लिया उतनी ही आसानी से कोई और न उसे पटा ले। साल भर में चेतना की कमनीयता में कोई कमी नहीं आयी, उलटे उसमें इज़ाफा ही हुआ था। शोख़ी अब बातों के साथ-साथ उसकी आँखों में भी उतर आयी थी।

दरअसल विनीत आज़ाद भारत के अधिसंख्य शिक्षित नवयुवकों जैसा ही था, थोड़ा-थोड़ा सब-कुछ—थोड़ा सा आधुनिक, थोड़ा सा पारम्परिक; थोड़ा सा प्रतिभावान्, थोड़ा सा कुन्द; थोड़ा चैतन्य, थोड़ा जड़; थोड़ा सा प्रगतिशील, थोड़ा सा पतनशील। सभी की तरह उसके सपनों की स्त्री वही हो सकती थी जो शिक्षित हो पर दबकर रहे, आधुनिक हो लेकिन आज्ञाकारी, समझदार हो लेकिन अलग सोच विचारवाली न हो।

विनीत देखता चेतना अपना पूरा दिन किसी न किसी बात या काम में मगन रहकर बिताती। ऐसा लगता जीवन की कोई सुरताल उसके हाथ लग गयी है और वह एक लम्बी नृत्यमुद्रा में लीन है।

विनीत ने सोचा उसे तौल लेना चाहिए चेतना के दिमाग़ में क्या चल रहा है।

उसने बात कुछ इस तरह शुरू की, "चेतू तुम्हारे सिवा और किसी से बात करना मुझे बिलकुल अच्छा नहीं लगता।" उसके कान यह सुनने का इन्तज़ार कर रहे थे कि चेतना कहेगी उसे भी विनीत के सिवा किसी और लड़के से बोलना गवारा नहीं।

चेतना ने कहा, "यह तो गम्भीर समस्या है। कल को मेरे दोस्त घर आयेंगे तो तुम क्या करोगे?"

"मैं दूसरे कमरे में चला जाया करूँगा" उसने जल-भुनकर जवाब दिया।

"देखो, मुझे तो सबसे बोलना अच्छा लगता है, बच्चों से, बड़ों से, यहाँ तक कि मैं किताबों और टी.वी. से भी बोल लेती हूँ।"

"चेतना दुनिया इस बीच बहुत ख़राब हो चली है। जब भी तुम किसी से बात करो, एक फ़ासले से बोला करो। लोग लड़कियों के खुलेपन का गलत मतलब निकालते हैं।"

"निकालने दो, यह उनकी समस्या है, मेरी नहीं।" चेतना ने कन्धे उचका दिये।

मकान में नीचे के कमरे खाली पड़े थे। दरअसल यह विनीत के बाबा का बनाया हुआ मकान था। इसमें उन्होंने निचली मंज़िल पर आँगन की बाहरी तरफ़ चार कमरे इसलिए बनवाये थे कि उन्हें दुकानों के लिए किराये पर उठा दिया जाय। बाबा तो रहे नहीं, उनके नीति-नियम भी उनके साथ ही विदा हुए। विनीत के माता-पिता यहाँ रहते नहीं थे। उनकी नियुक्ति इन दिनों जम्मू में थी। विनीत को यह पसन्द नहीं था कि घर का कोई भी हिस्सा किराये पर चढ़ाया जाय। वे चारों कमरे खाली पड़े थे। महीने में एक बार सफ़ाई करवाने के लिए इनका ताला खोला जाता। घर की नौकरानी बड़बड़ाते हुए कमरों में झाड़ू लगाती। चेतना फ़ौरन उसे पाँच का नोट पकड़ा देती।

इस साल दिसम्बर में ठण्ड इतनी बढ़ी कि आकाश से सूरज और धरती से धूप उड़नछू हो गये। लोगों ने अपने कुल जमा गरम कपड़े पहन लिये लेकिन हर वक़्त यही लगता जैसे हर अंग बर्फ़ में लिपटा हुआ है।

ऐसी एक ठण्डी शाम कॉफी हाउस से लौटते हुए विनीत और चेतना की नज़र अपने रिक्शेवाले पर पड़ी। उसने एक सूती चादर ओढ़ रखी थी लेकिन रिक्शा चलाने से वह बार-बार उड़ रही थी। चादर के नीचे कमीज़ भी सूती थी।

वे द्रवित हुए। विनीत ने कहा, "घर में इतने पुराने गरम कपड़े पड़े हैं, इसे दो एक कपड़े दे दें।"

चेतना बोली, "नीचे के कमरे में बड़े ट्रंक में होंगे।"

घर पहुँचकर चेतना ने रिक्शेवाले से कहा, "रुको, तुम्हें स्वेटर देते हैं।"

वह ऊपर से कमरे और बड़े ट्रंक की चाभियाँ लायी। ट्रंक में वाक़ई बाबा आदम ज़माने के रज़ाई गद्दे और पुराने कपड़े भरे थे। उसने अच्छी हालतवाला एक गरम कुरता और ऊनी चादर निकालकर रिक्शेवाले को दी।

रिक्शेवाला उनसे घर पहुँचाने का किराया नहीं लेना चाहता था। वह बार बार हाथ जोड़ता, "नहीं मालिक आपने कई दिनों की मजूरी दे दी" पर विनीत और चेतना ने ज़ोर देकर उसे पैसे दिये।

रात को नीचे का मुख्य द्वार बन्द करते हुए चेतना ने देखा रिक्शेवाला कहीं गया नहीं, वह वहीं उनके घर के आगे रिक्शे में ऊनी चादर ओढ़कर गुड़ीमुड़ी हुआ पड़ा था।

उसने विनीत को बताया। विनीत चिन्तित हो गया, "यह बर्फ़ानी रात में अकड़कर मर जायेगा देख लेना।"

चेतना ने सुझाया, "विनीत क्यों न इसे नीचे के कमरे में रात काटने दें। सब के सब खाली तो पड़े हैं।"

विनीत ने नीचे जाकर रिक्शेवाले को उठाया और कमरा दिखा दिया।

शरण का आश्वासन मिलने पर रिक्शेवाले ने हाथ जोड़कर विनीत के आगे झुककर धन्यवाद किया। फिर उसने हाथ ऊपर उठाकर परवर दिगार का भी शुक्र अदा किया। विनीत ने उसका नाम पूछा। उसने बताया 'रहमत'।

यह सब सिर्फ़ एक रात का इन्तज़ाम था जो सारी सर्दियाँ जारी रहा।

इतनी ठण्ड में उससे यह कहना कि 'जाओ अपना रास्ता नापो' बड़ा कठिन था। ख़ासकर तब जब रहमत सुबह उठकर चारों कमरों के साथ आँगन, ड्योढ़ी की भी झाड़ू लगा देता, पौधों में पानी डालता और बड़ी ख़ुशी-ख़ुशी विनीत को दफ़्तर छोड़ आता। कभी-कभी चेतना भी उसके रिक्शे में बाज़ार चली जाती।

एक रात बहुत ज़्यादा ठण्ड पड़ी। पहाड़ी कस्बों में बर्फ़ गिरी तो मैदानी क़स्बे भी जमने लगे। चेतना को लगा रहमत को ठण्ड लग रही होगी। उसने अपने कमरे की खिड़की से आवाज़ लगायी, "रहमत तुम्हें ठण्ड तो नहीं लग रही?"

रहमत ने जवाब दिया, "नहीं मालकिन।"

विनीत की नींद टूट गयी। उसने चिढ़कर चेतना की तरफ़ देखा, "यह बात दिन में भी पूछी जा सकती थी।"

"दिन में तो धूप की रजाई होती है। पाला तो रात में ही पड़ता है।"

"अगर उसे ठण्ड लग भी रही है तो क्या करोगी? क्या अपनी रजाई उसे दे दोगी?"

"तुम तो बात का बतंगड़ बना देते हो। वह ऐसा कहेगा ही नहीं।"

विनीत बड़बड़ाया, "मेरी अच्छी भली नींद चौपट कर दी।"

दफ़्तर की तरफ़ से स्कूटर ख़रीदने के लिए विनीत ने छह महीने से अर्ज़ी लगा रखी थी। इसमें यह सुविधा थी कि सरकारी कर्मचारियों को निर्धारित मूल्य पर दस प्रतिशत की रियायत मिल जाती और माँगने पर प्राविधि खाते से पैसे निकालने की अनुमति भी।

जिस दिन स्कूटर आवण्टन की ख़बर आयी विनीत खुश हुआ। उसने शाम को घर पहुँचकर चेतना को बताया।

चेतना के मुँह से तत्काल निकला, "बेचारे रहमत का क्या होगा?"

"इसका क्या मतलब? हमने क्या उसका ठेका ले रखा है। जाये वह जहाँ से आया था।" विनीत झुँझला गया।

"यकायक वह कहाँ सिर छुपायेगा? छह महीने से यहाँ टिका हुआ है।"

"स्कूटर आने के बाद हम रिक्शेवाले का क्या करेंगे। हमने कोई सरकारी रैनबसेरा तो खोला नहीं है।"

"इन्सानियत भी कोई चीज़ होती है।" चेतना बोले बिना नहीं रही।

"तुम उसकी इतनी फ़िक्र क्यों कर रही हो? तुम्हारा वह क्या लगता है? मैंने सोचा था तुम स्कूटर की ख़बर से खुश होगी।"

"खुश तो मैं हूँ पर एक ग़रीब का आसरा छिनेगा, यह बात ख़राब है।"

"तो क्या करें। क्या हम एन.जी.ओ. खोलकर बैठ जायँ और अपने इलाक़े के सारे भूखे-नंगों को शरण दें।"

"इसके लिए बड़ा कलेजा चाहिए, हम तो एक अदद बेघर के सिर पर छत नहीं दे पा रहे जबकि वह अपने पैरों पर खड़ा है।"

विनीत बहुत चिढ़ गया। उसने मन-ही-मन तय किया आने दो आज रहमत को। उसे ऐसी झाड़ पिलाऊँगा कि खुद ही अपना बोरिया-बिस्तरा उठाकर भाग जायेगा।

यह चिढ़ केवल रिक्शेवाले तक सीमित न थी। छोटी-छोटी बातों में विनीत को ढेर-सा गुस्सा उमड़ता।

कई बार वह अपने दफ़्तर के दोस्तों को घर लाता। वे तय करते, विनीत के घर बैठकर बियर वियर पीकर थोड़ा रिलैक्स हुआ जाय। बाक़ी साथियों के घर में एकान्त का अभाव था। किसी के यहाँ माँ बाप की मौजूदगी तो किसी के घर में बच्चों की चिल्ल पौं आराम का माहौल न बनने देती। विनीत का घर इस मामले में निरापद था।

इस तरह के कार्यक्रम के लिए सब ख़ुशी से ख़र्च में हिस्सा बँटाते। चेतना नमकीन और सलाद का इन्तज़ाम कर देती। लेकिन नमकीन की प्लेटें रखने के साथ-साथ वह खुद भी आ बैठती। विनीत किसी न किसी बहाने उसे उठाता रहता, "नमक लाओ, नींबू लाओ, बर्फ़ लाओ।" वह फ़ौरन सामान लाकर पुनः बैठ जाती। किसी तरह अपने गुस्से पर ज़ब्त कर, विनीत रात में चेतना को समझाने की कोशिश करता, "देखो चेतू, तुम मेरे दफ़्तर के लोगों के सामने न बैठा करो, ये अच्छे लोग नहीं हैं।"

"मुझे तो उनमें कोई ख़राबी नहीं दिखती। कितनी इज़्ज़त से बात करते हैं।" चेतना असहमत होती।

''यह सब दिखावा है। दफ़्तर में ये लोग दूसरों की बीवियों पर भद्दे कमेण्ट करते हैं।''

''अगर ये इतने ख़राब लोग हैं तो तुम्हें भी इनसे दूर रहना चाहिए।''

''मुझे उपदेश देने की ज़रूरत नहीं। मेरा कर्त्तव्य है कि तुम्हारी रक्षा करूँ।'' विनीत ने बात समाप्त की।

विनीत ने पाया बाज़ार में कितनी ऐसी दुकानें थीं जिनके दुकानदार चेतना से हँसकर बात करते। उसके कहने पर दो-चार रुपये की छूट भी दे देते। कुछ विक्रेता तो उसकी पसन्द ऐसे समझते कि उसके बोलने से पहले उसकी मर्ज़ी का सामान निकालकर काउण्टर पर रख देते।

विनीत ने एक दिन कहा, ''चेतू तुम क्यों बाज़ार जाकर परेशान होती हो। ऑफ़िस से वापस आते हुए मैं ही ला दूँगा, जो लाना हो। तुम सुबह लिस्ट बनाकर मेरी जेब में रख दिया करो।''

अपने प्रेमी पति को तकलीफ़ नहीं देना चाहती थी चेतना। लेकिन उसे अपनी आज़ादी भी प्रिय थी। अब वह बिना विनीत को बताये दोपहर में बाज़ार के लिए निकल पड़ती। कई बार बिना कुछ लिये लौट आती पर बाहर निकलने का सुख अपनी जगह था। दुकानों में सजे सामानों का वह पत्र-पत्रिकाओं में दिये गये सामानों से मिलान करती और मन-ही-मन तय करती कौन सी जगह पिछड़ी है तो कौन सी अधुनातन।

घर में आनेवाले अख़बार और पत्रिकाओं की संख्या मज़े की थी क्योंकि दोनों पढ़ने के शौकीन थे। विनीत जहाँ हर पत्रिका एक बार पलटकर सरसरी तौर पर पढ़ता, चेतना उसे आद्योपान्त पढ़ती। उनमें प्रकाशित लेख, कहानी, कविता पर विचार करती और अपनी सहेलियों से या विनीत से उन पर चर्चा करती। विनीत कहता, ''देखो रचनाओं में तर्क से ज़्यादा तन्मयता देखी जाती है।''

चेतना कहती, ''तर्क के बिना जीवन में कुछ भी स्वीकार नहीं किया जा सकता, साहित्य भी नहीं।''

सहेलियाँ समझातीं, ''तुम क्यों सारा दिन माथा-पच्ची करती हो। कहानियों में झूठ ही झूठ होता है।''

चेतना अपनी सहमति और असहमति व्यक्त करने में ज़रा देर न लगाती। वह सम्पादकों को लम्बे-लम्बे पत्र लिखती। जिन रचनाओं में लेखकों के फ़ोन नम्बर या पते दिये होते, वह उनसे भी सम्पर्क करने की कोशिश करती।

ज़्यादातर तो किसी का उत्तर नहीं आता लेकिन हाँ एक बार एक कहानी लेखक ने उसे जवाब दिया था। उसने बड़ी सादगी से चेतना के तर्क मान लिये और कहा, ''जहाँ तक मेरी बुद्धि की पहुँच थी मैंने कहानी लिखी। आप मुझसे ज़्यादा प्रखर हैं।''

पति-पत्नी दोनों ने यह पत्र पढ़ा। दोनों की प्रतिक्रिया अलग थी।

विनीत ने कहा, ''कितना बड़ा लेखक है और कितना विनम्र। उसने तुम्हारे आगे हथियार डाल दिये।''

चेतना बोली, ''ग़लत। विनीत यह लेखक बड़ा चालाक है। उसने ऐसा लिखकर अपना पीछा छुड़ाया है।''

''चलो छोड़ो, तुम्हें भी क्या पड़ी जो तुम लोगों को चिट्ठी लिखती फिरो या फ़ोन करो। कहानियाँ पढ़कर भूल जाने के लिए होती हैं।''

चेतना ने पाया इधर रोज़ रात विनीत उसका फ़ोन उलट-पुलट करता है। ध्यान देने पर उसे समझ में आया कि वह यह देखता है कि पत्नी के पास किसका फ़ोन आया और उसने किसको फ़ोन किया।

कितनी ओछी हरकत है यह। मैं तो इससे दफ़्तर के हर मिनट का हिसाब नहीं लेती। उसे महसूस हुआ।

चेतना का मन कुछ बुझ गया। उसे लगा जैसे उसके ऊपर एक अनदेखा कैमरा लगा हुआ है।

उसने किताबों की बजाय कम्प्यूटर में मन लगाना शुरू किया। यह क्या! चेतना को जैसे घर बैठे नयी निराली दुनिया मिल गयी। हर विषय पर इतनी जानकारी और इतनी विविधता। सत्य और तथ्य जानने की उसकी उत्कण्ठा अब कहीं सन्तुष्ट होने लगी। विनीत हैरान रह गया। वह जैसे ही कोई बात कहता, चेतना उसके दस पहलू सामने रख देती। विनीत ने उसे नया नाम दे दिया, मिनीपीडिया।

चेतना की प्रखरता से विनीत प्रभावित भी था और प्रताड़ित भी। उसे लगता ज़िन्दगी की दौड़ में चेतना उसे बहुत पीछे छोड़ सकती है।

फेसबुक पर चेतना के हज़ारों दोस्त बन गये। वह अब घर-ही-घर में एकदम मगन रहती। वह रात में जागकर इण्टरनेट पर कुछ-न-कुछ पढ़ती रहती।

आजकल विनीत कुढ़ रहा है और मना रहा है कि कहीं चेतना नौकरी करने का इरादा न कर ले। लगता है वहाँ भी वह उसे पछाड़ गिरायेगी।

●

पटकनी

हिन्दु कॉलेज की तस्वीर छपी थी हिन्दुस्तान अखबार में। कॉलेज पहले से बहुत विशाल और विस्तृत हो गया था। हरा-भरा भी ज़्यादा दिखायी दे रहा था। वितस्ता को याद आ गये अपने पढ़ाई के दिन। पीछे के गलियारे में एम. ए. इंग्लिश की क्लास लगती थी। वहाँ से कॉलेज कैण्टीन दिखता था। हमारा मन पढ़ने में कैसे लगे। प्रोफेसर आर.पी. गुप्ता तो यन्त्रवत् पढ़ाते रहते, कोई सुने चाहे न सुने। प्रोफेसर कँवर और सूद को यह बर्दाश्त नहीं था। कँवर साहब देखते कि विद्यार्थी मन नहीं लगा रहे। वे कहते, 'चलो कैण्टीन में क्लास लेते हैं आज। कॉफी के साथ कोलरिज जल्दी समझ आयेगा।'

हम सब उछल पड़ते।

लम्बा चौड़ा मैदान चटपट पार कर हम कैण्टीन के लॉन में डेरा जमा लेते। रोमी बत्रा काउण्टर पर कॉफी का ऑर्डर दे आता। हमारे लिये प्रोफेसर कँवर उस वक्त दुनिया के सबसे अच्छे गुरु होते। प्रोफेसर सूद का घर कॉलेज परिसर में ही था। वे कई बार पूरी क्लास को घर पर बुलाकर चाय पिलाते और चॉसर पढ़ाते जाते। तब हमें लगता हमारे विद्यार्थी-दिन कभी खत्म न हों। इसी तरह हम विश्वविद्यालय में व्याख्यान और कॉलेज में ट्यूटोरियल करते रहें, कॉफी के प्याले और कोक की ठण्डक में दिन-घड़ी बीतती रहे। क्लैरिसा, सन्तोष, आशा, सुशील, विनोद, दिनेश और रोमी के साथ वितस्ता रिज रोड पर घूमने निकल जाती। पता ही न चलता कितनी दूर चल लिये। लौटते में चार बज जाते।

इतनी मस्ती और आज़ादी के बावजूद, उन सब के ऊपर आधुनिक साहित्य का एक नकारवादी प्रभाव पड़ा हुआ था। वे हर धारा के विरुद्ध रहने को तैयार रहते। वे कवियों, कथाकारों की अजीबोग़रीब जीवनियाँ पढ़ते और उन्हें लगता सीधी-सादी ज़िन्दगी भी कोई ज़िन्दगी है। जीवन होना चाहिए सनसनाता, खलबलाता, उठा-पटक से भरपूर।

ऐसे में जब सन्तोष ने मित्र-मण्डली को सूचना दी कि उसकी शादी अमृतसर के एक मेवा व्यवसायी के बेटे से तय की जा रही है, उन सबने एक साथ कहा था, 'ओ नो सन्तोष, वॉट ए फॉल माय क्लासमेट!'

सन्तोष ने चमकते चेहरे से कहा, 'कोई छोटा-मोटा ठेलेवाला नहीं है जनाब, अमृतसर में उनके चार स्टोर और छह मकान हैं। साल में चार बार विदेश जाते हैं वे!'

मित्र-मण्डली ज़रा भी प्रभावित नहीं हुई। चन्द्र प्रकाश ने स्त्रियों के पालतूकरण पर पन्द्रह मिनट का प्रवचन दिया था।

सन्तोष ने बड़े यथार्थवादी ढंग से अपने बालों को झटककर उसे नकार दिया, 'ये सब निराश लोगों के नाटक हैं। मैं बाईस साल की हूँ, शादी की उम्र है यही।' हम सबने शोर मचाया था, 'अगर यह शादी की उम्र है तो बग़ावत की कौन-सी उम्र होगी। तुम तो सगाई से भी पहले परायी बन गयीं।'

'बताऊँगी, जब तुम्हें कोई पसन्द करेगा। अभी तुम सब क्या समझोगे?' सन्तोष ने कहा।

दरियागंज के मोती महल में उसकी सगाई की पार्टी हुई थी जिसमें हम सब पहुँचे थे। हम सब ज़रा जल्दी पहुँच गये। नौ नम्बर बस उस दिन बहुत तेज़ रफ्तार से चली या लाल बत्ती चौराहों ने हरा रंग पसन्द कर लिया, जो भी हो, अभी वहाँ के खुले प्रांगण में दरियाँ बिछायी जा रही थीं और लम्बी मेज़ों पर बेयरे सफेद चादरें तान कर आलपिनों की मदद से कस रहे थे। सन्तोष के पिता मित्र-मण्डली देखकर बड़े खुश हुए, 'बड़ा अच्छा किया बच्चों, अब मेहमानों का वेलकम शेलकम तुमने ही करना है। लो पहले कोक पियो तुम लोग।'

सन्तोष अभी तैयार होकर साहिब सिंह ऐण्ड सन्स के यहाँ से लौटी नहीं थी। हमें बड़ी उत्कण्ठा थी उसे देखने की। सिर्फ साहिब सिंह ऐण्ड सन्स के यहाँ शहर की सबसे बढ़िया हेयर स्टाइलिस्ट उपलब्ध थी। सन्तोष वैसे ही सुन्दर थी, नयी केश सज्जा और रूप-शृंगार से आज चार चाँद लगनेवाला मुहावरा सार्थक होते देखना था।

हालाँकि वितस्ता, क्लेरिसा और आशा नये कपड़े पहनकर आयी थीं, मोती महल के रौशन माहौल में उनके कपड़े साधारण दिखायी दे रहे थे। आशा थोड़ी आशंकित भी थी। उसने वितस्ता से कहा, 'सन्तोष तो पार लग गयी, मेरी बेड़ी जाने कहाँ तरनी है। मैं तो पूरे तेईस की हो गयी हूँ मई में।'

वितस्ता ने वीरता से कहा, 'रिज़ल्ट निकलते ही अपन लेक्चररशिप के लिए एप्लाय करते हैं। मैं तो साथ की साथ डी.फिल. में भी दाखिला लूँगी, सब्जेक्ट भी सोच लिया है।'

उसकी बात अधूरी छोड़ आशा सन्तोष की बड़ी बहन से मुखातिब हो गयी जो बम्बई से खास इस जश्न के लिए आयी थी। उसकी तीन साल पहले शादी हुई थी।

उसने प्रसन्न मुद्रा में बताया, 'मेरी शादी भी मोती महल से हुई थी। इसी जगह सारी रस्में हुईं।' रोमी पास ही खड़ा था। उसने कहा, 'आपकी शादी में भी वही मैकूलाल का बैण्ड बजा होगा जो दिल्ली की हर शादी में बजता है।'

'हाँ जी पर तुम ऐसा क्यों बोल रहे हो?' बहन ने हैरानी से रोमी को देखा।

'शट अप रोमी, शट अप!' कई आवाज़ें उठीं। दोस्त नहीं चाहते थे कि रोमी अपने सिड़ीपने से आज के रंग बेरंग करे।

सन्तोष-परिवार की प्रसन्नता, सम्पन्नता और उदारता पग-पग पर प्रकट हो रही थी।

समय पर अमृतसरवाले आये। उनके प्रवेश पर फूलों और फुल्लियों की ऐसी बरसात की गयी कि दरियाँ ढँक गयीं।

सन्तोष का मँगेतर रेमण्ड सूट में जँच रहा था। अँगूठी की रस्म पर दोनों पर आशीर्वादों की झड़ी लग गयी। वितस्ता ने देखा गौरव कपूर का कद उसकी क्लास के सभी सहपाठियों से ज़्यादा था और रंग साफ़। उसके नाक-नक्श भी सुन्दर थे।

क्लैरिसा ने कहा, 'मेरी समझ नहीं आता, जब इतना ताम-झाम फैलाया गया है तो सन्तोष के माँ-बाप आज शादी भी क्यों नहीं निपटा देते।'

सन्तोष की माँ ने कहा, 'नहीं जी शादी पर तो हम सारी दिल्ली को न्योता देंगे। यहाँ कहाँ समायेगी इतनी भीड़? किसी फार्महाउस में करनी पड़ेगी शादी की रस्म!' दोस्तों ने सन्तोष को खुले दिल से बधाइयाँ दीं, दावत खायी और गोलचा से आखिरी बस पकड़ कर अपने घर लौट गये।

और तो सब सो गये उस रात लेकिन मॉडल टाउन और शक्तिनगर के दो घरों में दो लड़कियों की रात करवटों में बीती। उनके दिमाग़ में बेहिसाब सवाल थे। उनकी कक्षा के माहौल और पाश्चात्य विचारधारा का कहना था कि विवाह एक प्रतिगामी संस्था है, यह स्त्री को सीमित, संकुचित और बाधित करती है। विवाह को नकार कर सार्त्र और सिमोन द बोवुआ साथ रहे थे कि सहजीवन समानता का पहला सबक है।

लेकिन आज सन्तोष और उसके मँगेतर के चेहरे पर जो चाव और उमंग दिखी उसे झूठ या ग़लत मानने का भी मन नहीं हो रहा था। वितस्ता और आशा के मन में खलबली थी, वे आखिर किसे सही मानें?

वितस्ता ने घर में कह-कह कर कि मैं शादी नहीं करूँगी, शादी का मतलब है बरबादी, मर्द की गुलामी और रूढ़ियों का कारावास, अपने माता-पिता को इस हद पर पहुँचा दिया था कि वे सोचने लगे थे चलो कोई बात नहीं। एक सन्तान बिन

ब्याही रह जाये तो कोई आसमान नहीं टूट पड़ेगा। फिर वितस्ता पढ़ने में ज़हीन है, आज नहीं तो कल इसे अच्छी नौकरी मिल जायेगी। हो सकता है आगे इसकी मानसिकता बदले और यह खुद अपना जीवनसाथी चुन ले।

आशा की समस्या थोड़ी विकट थी क्योंकि अभी उससे बड़ी एक बहन और एक भाई अविवाहित थे। आशा को लगता वह अगर शादी के विषय में सोचे भी तो उसका नम्बर तभी आयेगा जब वह अधेड़ हो जायेगी। अंग्रेज़ी साहित्य से उसे कोई घनघोर लगाव नहीं था। बी.ए. में इंग्लिश में अच्छे अंक आ जाने से उसका प्रवेश एम.ए. इंग्लिश में आसानी से हो गया था। दोनों लड़कियों को लग रहा था शादी की सम्भावना में ज़रूर कोई जादू-मन्तर छिपा होता है जो लड़के-लड़कियों की सोच को पलट देता है। अभी पिछले महीने तक सन्तोष लाइब्रेरी में कामू की किताबों की दीवानी थी। द स्ट्रेन्जर, द आउटसाइडर जैसी पेपर बैक थामे वह वैन्गार्स में दाखिल होती और बहस करती कि कामू सार्त्र से भी बड़ा अस्तित्ववादी है।

सन्तोष की सहेलियों ने देखा आगामी दिनों में सन्तोष के पास उनसे बात करने की ज़रा भी फुर्सत नहीं थी। वे उसे ओडियन में लगी फिल्म के बारे में बताना चाहतीं पर सन्तोष कहती उसे तो फैशन डिज़ाइनर के पास जाना है। न जाने कितने अच्छे नाटक, कमानी में मंचित होकर उतर गये पर सहपाठियों के झुण्ड में सन्तोष शामिल न हो पायी। अब तक प्रोफेसरों को भी अन्दाज़ा हो गया था कि जल्द सन्तोष की शादी होने जा रही है।

प्रोफेसर सूद ने एक दिन कहा, 'सालाना इम्तहान से ज़रा पहले तुम्हारी शादी की तारीख पड़ी है, तुम इम्तहान दोगी या ड्रॉप आउट करोगी?'

सन्तोष ने कहा, 'नहीं सर मैं इम्तहान देने आऊँगी। अगर नहीं आ पायीं तो तुम्हारी साल भर की मेहनत बेकार चली जायेगी।'

'मुझे पता है सर, मैं ज़रूर आऊँगी।'

चन्द्र प्रकाश ने गर्दन दायें-बायें हिलाते हुए कहा, 'यह तय करने की तुम्हारी आज़ादी तब तक छिन चुकी होगी कि तुम्हें एम.ए. करना है या महज़ सन्तोष बी.ए. रह जाना है।'

'सर देखिये यह कैसे बोल रहा है। यह कोई अठारहवीं शताब्दी है जो मुझे अपनी आज़ादी को कुर्बान करना पड़े!'

रोमी बोला, 'सन्तोष तुम्हें जितने हाइ होप्स हैं न, आइ मीन ऊँची आशायें अपनी शादी से, मैं बताना चाहता हूँ कि तुम फूल्ज़ पैराडाइज़ में रहती हो। क्या तुम्हें अपने देश में फ्लॉप मैरिजेज़ की संख्या बिलकुल नहीं पता। एक सर्वेक्षण के अनुसार हमारे यहाँ हर तीसरी शादी फेल होती है।'

प्रोफेसर सूद ने लड़कों को रोका, 'यह अनैतिक चर्चा कर रहे हो तुम। जिस लड़की का दो हफ्ते बाद विवाह होनेवाला है उससे तुम ऐसी नकारात्मक बातें कैसे कर सकते हो? यह अनैतिक ही नहीं अमानवीय है।'

चन्द्र प्रकाश ने कहा, 'सर आप उस उम्र में पहुँच गये हैं जब लोग इसी तरह लीपा-पोती कर आदर्शवाद की शरण में जाते हैं।'

'मेरी समझ नहीं आता कि तुम लड़के लोग सन्तोष को शादी के खिलाफ़ भड़काने में क्यों लगे हो। इन लड़कियों को देखो, कोई नेगेटिव नहीं बोल रही।' प्रोफेसर सूद ने कहा।

'इन सबके लिए ज़िन्दगी के सवालों से पलायन के लिए शादी एक अच्छा बहाना है' चन्द्र प्रकाश ने गहरी उसास भरी, 'सन्तोष की स्वाधीनता खत्म होने के मौके पर मैं एक शोक गीत लिखूँगा। सन्तोष सब कुछ सुन रही थी और मन ही मन बुरा मान रही थी। उसे हैरानी हो रही थी कि ऐसे हृदयहीन साथियों के साथ उसने कैसे ये दो साल बिता लिये। इनके लिए आधुनिकता का मतलब केवल नकार और धिक्कार था। जीवन के अनिवार्य पड़ावों की इन्हें चेतना भी नहीं थी।

सन्तोष की शादी खूब धूमधाम से हुई। उसकी विदाई में घर-परिवार के लोग लिपट-लिपट कर रोये। वह भी रोयी, इतनी कि पास खड़ा उसका दूल्हा धीरे से बोला, 'तुम्हें इतना रोना आ रहा है तो मैं अकेला चला जाता हूँ, तुम बाद में आ जाना।'

इस बात पर सन्तोष को रोते-रोते भी हँसी आ गयी। उसका रोना कुछ थमा और वह अन्दर जाकर अपना मेकअप ठीक करने लगी। गौरव सुन्दर तो है ही, उसमें सेंस ऑफ ह्यूमर भी है। उसे लगा उसकी निभ जायेगी।

दिल्ली में मार्च का महीना ठण्डा नहीं होता। धूप तबीयत से निकलने लगती है और सिर्फ रात में रज़ाई की ज़रूरत पड़ती है। लेकिन अमृतसर मार्च में बेहद ठण्डा था। सन्तोष अपने साथ गर्म कपड़े नहीं ले गयी थी। उसने कहा, 'मेरे साथ बाज़ार चलो तो मैं अपने लिये एक दो ऊनी कपड़े ले लूँ।'

गौरव ने हँसकर कहा, 'क्या करोगी, दिन में सभी कमरों में होटर चलता है और रात में मैं हूँ न।' सन्तोष शर्म से लाल हो गयी। उसने पाया उसका पति मस्तमौला है। वह हर बात हँसी में उड़ाना चाहता है। कभी सन्तोष को किताबों में उलझते देखता तो कह देता, 'मेरी रकीबों को बिस्तर पर से हटा दो।'

'जो मैं फेल हो गयी तो? सोचो तुम्हारी भी बेइज़्ज़ती होगी कि नहीं।'

गौरव कहता, 'जब मैं शॉप पर चला जाऊँ तब पढ़ा करो। नहीं तो ऐसा करो इस साल इम्तहान ड्रॉप कर दो।'

'नहीं गौरव, इम्तहान तो मैंने ज़रूर देना है, मेरी दो साल की मेहनत चौपट हो जायेगी नहीं तो।'

सन्तोष ने मानो संकल्प ले लिया। उसने दिन-दिन भर किताबों का रट्टा लगाया। रात में जब भी उसकी नींद खुलती वह चुपके से बगलवाले कमरे में अपनी किताब लेकर बैठ जाती। यह और बात है कि वह ज़्यादा देर पढ़ न पाती। गौरव की जैसे ही आँख खुलती और वह बिस्तर खाली पाता, वह देवदूत की तरह उठकर आता और सन्तोष को बाँहों में भरकर वापस बिस्तर पर ले आता।

आखिरकार अप्रैल का दूसरा सप्ताह खत्म होने को आया। सन्तोष दिल्ली आ गयी। सोलह अप्रैल से परीक्षायें होनेवाली थीं। उसने योजनाबद्ध ढंग से पढ़ाई की। हर पेपर के बिन्दुवार नोट्स बनाये और पिछले वर्ष के पेपर देखकर अनुमान लगाया क्या कुछ नहीं पूछा जायेगा। यह मानी हुई बात थी कि प्रश्नपत्र में आवृत्ति की जगह आकस्मिकता ही ज़्यादा होती थी।

अमृतसर से फोन आते रहते। गौरव कहता, 'तुम्हें डिस्टर्ब कर रहा हूँ। तुम्हारे बिना वक्त कटता ही नहीं।' सन्तोष मुदित मन कहती, 'तुम्हारा फोन नहीं आता तब डिस्टर्ब होती हूँ। जिस दिन पेपर खत्म होंगे, मैं उसी दिन चल पड़ूँगी।'

सन्तोष के सभी पेपर्स अच्छे हुए। उसकी कक्षा के कई लड़के कहते पाये गये, 'सन्तोष का क्या है, फेल भी हो गयी तो क्या फ़र्क़ पड़ेगा?'

चन्द्र प्रकाश ने कहा, 'वह पास भी हो गयी तो कौन सा तीर मार लेगी।'

आशा ने उसकी बात काटी, 'ध्यान दो, सन्तोष के सारे पेपर्स अच्छे हुए हैं, उसको कमज़ोर कड़ी मत समझो।' चन्द्र प्रकाश ने हँसी उड़ायी, 'आशा लगता है उसने तुम्हें खूब काजू-पिस्ता खिलाया है, वही बोल रहा है।'

सन्तोष तो वापस अमृतसर चली गयी। पन्द्रह जून तक का वक्त बाकी विद्यार्थियों के लिए भारी पड़ा। परीक्षा परिणाम आने में देर थी। कभी वे अखबार में रिक्तियों के विज्ञापन देखते, कभी सिविल सर्विसेज़ का आवेदन पत्र लाने की भाग-दौड़ करते।

जैसे-जैसे पन्द्रह जून पास आ रही थी, लड़के-लड़कियों की बेचैनी बढ़ती जा रही थी।

अन्ततः वह दिन भी आ गया। परीक्षाफल घोषित होते ही यूनिवर्सिटी ऑफिस के नोटिस बोर्ड पर विद्यार्थियों की भीड़ उमड़ी। वहाँ नाम, पिता के नाम के साथ-साथ अनुक्रमांक लिखे हुए थे जिसके आगे प्राप्तांक और श्रेणी अंकित थी।

हमेशा की तरह लड़कियों के प्राप्तांक लड़कों से बेहतर थे। हिन्दू कॉलेज के बैच के सिर्फ तीन लड़कों को द्वितीय श्रेणी मिली थी, दस को तृतीय और दो अनुत्तीर्ण

थे। लड़कियों में सबकी उच्च द्वितीय श्रेणी आयी थी। इनमें सर्वाधिक प्राप्तांक सन्तोष के थे। उसने कॉलेज में प्रथम स्थान पाया हालाँकि प्रथम श्रेणी उसके भी हाथ नहीं आयी।

परीक्षा परिणाम देखकर सब ठगे से रह गये। आशा और क्लैरिसा ने कहा, 'देखा हमने बताया था न सन्तोष की तैयारी अच्छी थी और उसकी परीक्षा भी ठीक हुई थी।'

रोमी बोला, 'खामखाह इम्तहान दिया उसने।' 'अपने दिमाग की घड़ी ठीक करो तुम लोग' आशा ने लड़कों को डपट दिया, 'खुद अपना दिमाग तुम लोगों ने कामू काफ्का पढ़ पढ़कर खराब कर लिया, अब लड़कियों पर दोष क्यों डाल रहे हो।'

लड़कों की समझ में फिर भी नहीं आया। उनकी यह धारणा और पक्की हो गयी कि लड़कियों को नम्बर इसलिए ज़्यादा मिलते हैं क्योंकि वे लड़कियाँ हैं।

जून जुलाई के बीच बहुत से कॉलेजों में व्याख्याता पद के लिए साक्षात्कार हुए। वितस्ता, आशा, क्लैरिसा तीनों किसी न किसी कॉलेज में पद पा गयीं। सन्तोष का अमृतसर के स्वरूपरानी नेहरू कॉलेज में प्रवक्ता पद के लिए चयन हो गया।

लड़के सब टापते रह गये।

●